U0111672

大展好書 ✕ 好書大展

武術特輯
16

散手初學

冷鋒／編著

大展出版社有限公司

印行

出 版 說 明

　　隨著人民生活水平的提高，「生命在於運動」的道理，越來越為人們所理解，參加體育鍛鍊和關心體育運動的人越來越多。人們希望了解體育知識，要求懂得運動的科學道理和掌握鍛鍊身體的方法。基於此，我們編寫了這套≪武術特輯≫。

　　體育運動的項目很多，內容豐富，為滿足廣大體育愛好者的不同需求，我們將分冊出版這套叢書，力求做到內容深入淺出、通俗易懂、圖文並茂、雅俗共賞。

　　≪散手初學≫是這套叢書其中的一冊，歡迎提出批評、建議。

目　　錄

第一章 散手愛好者需知ABC

要想成為一個散手運動的高級別的「發燒友」，當你磨拳擦掌準備開始學練散手技術動作之前，首先應該了解和掌握有關散手運動的基本知識，以及散手技術的學練步驟和相關事宜。

學習散手的基本知識，有助於加深你對散手運動的理性認識，進而為提高散手理論修養和修練健康的身心打下良好的基礎。掌握學練的步驟，則可使學習少走彎路，事半功倍。

一、什麼是散手

散手是一項徒手搏擊格鬥的技術。它的母體，是中華民族傳統體育的瑰寶——武術運動。散手，是武術運動的對抗性形式，更是武術運動的最高表現形式，是武術運動的精髓之所在。散手，俗稱散打。歷史上也稱其為相搏、手搏、卞、弁、白打、拍張、手戰、搶手、拆手等等。由於徒手相搏相角的運動形式在台子上進行，故又被稱之為「打擂台」。

現代散手運動，是指兩人以踢、打、摔、拿等技法為基本素材，按照規則規定的場地、時間、條件進行徒手對搏格鬥的一項運動。

它是格鬥者雙方智力、體力、技術、技巧和心理意志的綜合抗衡，具有高度的攻防實戰性和激烈的對抗性。

二、散手運動的由來和沿革

　　散手運動的歷史極其悠久。它的源頭，可追溯到遠古時我國先民的生產活動。遠古時期，人類為了生存，除持木棒、石斧等簡陋武器與野獸搏鬥外，有時還需要赤手空拳進行肉搏戰。在搏鬥中，人們自然要本能地做拳打、腳踢、射閃、跳躍等動作以「手格猛獸」。長此以往，隨著搏鬥經驗的不斷積累，人們也就逐漸獲得使用武器和徒手格鬥的搏殺技能。這些技能是在原始生產方式基礎上產生的低級的技能，然而它卻是武術格鬥技法的萌芽。

遠古時期北京人與野獸搏鬥示意圖

　　從原始社會開始崩潰、部落戰爭發生時起，作為徒手搏鬥形式的「角抵戲」已在蚩尤部落中開展。人們把在戰鬥中

獲得的搏鬥技術在角抵戲中加以演示和交流，並將其傳授給
下一代。

　　到了春秋戰國時期，徒手搏鬥技術，如「相搏」、「技
擊」、「拳勇」等已較為普遍開展。相搏攻防技術中，除拳
打腳踢外，摔法、拿法也有了發展。如《公羊傳》中記載的
「絕其脰」動作，就是擒拿中的鎖喉法。這一時期，搏鬥戰
術也有了一定的發展，如《荀子·議兵篇》記載：「若手臂
之捍頭目，而覆胸腰也，詐而襲之先驚而後擊之，一也。」
它的意思是說，先虛擊對手的頭部，將對手的注意力吸引到
防守頭部，然後，突然攻擊對手胸腰部，使對手猝不及防。
從此可以看出，徒手相搏已有上掠下取、佯攻巧打的戰術運
用。

秦墓木箆漆畫上的手搏圖

　　秦漢時期，徒手格鬥被稱為「手搏」。由於技術發展較

快，因而比武較技的活動也較為多見。據有關史料記載，當時的比賽已較正規，並有裁判人員主持。這一時期，還有理論專著問世，如《手搏六篇》（載於《漢書・藝文志》，可惜已失佚）等等。

隋唐五代時期，手搏與角抵發展較快，比賽幾乎形成制度。在正月十五日上元節及七月十五日中元節之際，多有手搏、角抵比賽。如隋大業六年，來自各地的高手雲集在端門街，各獻「天下奇技」。一比就是幾天，甚至「終月而罷」。這一時期的比賽，沒有體重分級，除擊打外，主要靠摔倒對手取勝。此外，比賽場面也比較悲壯，傷害事故，如「一拳下而仆」、「斷臂流血」、「碎首斬臂」等經常發生。

敦煌藏經洞唐代相抱相角圖

至宋時，手搏與角抵在民間更為流行。當時，民間每年都要舉行「露台爭交」的比賽。比賽除有「部署」主持裁判外，還有了相應的「規則」：比賽分三個回合；比賽中不准「揪住短兒」、「拽起袴兒」。比賽雙方可以「拽直拳，使橫拳」和「使腳剪」，拳打、腳踢、絆摔都行。我國較早記

載角抵、手搏的武術專著≪角力記≫也在這一時期問世。

到了元代，由於統治者嚴禁民間練武，並採用了殘酷的鎮壓手段，因而民間練武活動沒有史料記載。這一時期的武藝，主要以家傳方式暗中秘密傳授。

明代，是武技集大成的發展時期，武技在保留技擊特點的基礎上，逐漸產生了流派林立的套路技術。不同風格流派拳術的技擊精華，主要通過套路的演練來表現。套路技術成了「慣勤肢體及學會殺敵制勝」的重要手段。明時民間的「打擂台」比武之風很盛。擂台賽前，先由擂主安排好高手準備應戰，凡願與其較量高低的人，臨場立好「生死文書」，然後上「獻台」攻擂。比賽由「布署」主持裁判，並規定「不許暗算」，先敗下台的為輸。

時至清代，統治者也是嚴禁民間練武，但武技並沒有因此而消亡，相反在「社」、「館」等組織中，得到秘密的交流、傳授和發展。尤其是著名的「白蓮教」、「義和團」、「太平天國」等農民組織，對武技發展的影響更大。清朝的武技流派之多達到了空前的地步，流行的技術風格各異的套路有幾百種之多。

民國初期，習武開禁，拳技之風蓬勃一時。各種習武組織如雨後春筍般湧現，其中由技擊大師霍元甲創立的「精武體育會」最為著名。

1928 年和 1933 年在南京舉行的兩屆「國術國考」中，作為武技套路的對抗形式的散手，又重新被列為重點比賽項目。第一屆國考的散手比賽不依體重分級，也不穿戴任何護具。比賽中，打法不講流派，凡用手、肘、腳、膝擊中對方有效部位（即除眼、喉、襠部之外的身體部位）為得一點，三點兩勝。第二屆國考的散手比賽則以「點到為止」決勝負。

　　中華人民共和國成立後，武術被作為優秀的民族文化遺產加以繼承和發展，散手也被作為試點項目列入全國體育院系教材。1979年，隨著全國「武術熱」的掀起，國家體委開始了將傳統的散手技術納入現代競技體育運動範疇的進程：在1979年和1980年舉行的全國武術觀摩交流大會上，有關單位兩次進行了試驗性的散手表演；1981年，第一次散手對抗賽表演在遼寧瀋陽舉行；1982年，我國第一部≪散手競賽規則≫通過有關專家的審定問世；同年11月在北京舉行了全國散手邀請賽；1982年以後，每年都要舉行全國性散手比賽和各種不同形式的散手邀請賽；1991年，在北京舉行了第一屆世界武術錦標賽散手表演賽。至此，古老的傳統散手技術被繼承、發展成了造福於人類的現代散手運動。

　　現代的散手運動，雖然具有高度的格鬥搏擊性能，但它已不再是過去那種追求殺傷敵手、克敵稱霸的「打擂台」運動了。現代散手運動，是在現代體育規範的指導下，以通過對抗形式的練習和較技比武，改善和發展人體體能，磨練健康身心為宗旨的體育運動項目。

三、散手運動的作用

　　生命在於運動，體育鍛鍊能有效地增強體質，提高健康水平，這是眾所周知的真理。散手是一項較力、較技、鬥智、鬥勇的激烈對抗項目，通過散手練習，可刺激和開發練習者的速度、力量、靈敏、耐力等身體素質，提高心血管系統、呼吸循環系統的機能，以及中樞神經系統的靈活性。

　　散手是磨練意志品質的獨特良方。在散手運動中，練習者首先要戰勝的不是對手，而是自我。無論是誰，都要克服

在練習或比賽中給自身肉體帶來的疼痛、疲勞，甚至傷害的折磨。此外，要掌握技術動作或戰勝對手，還要克服自身的懶惰、消極、怯弱、畏懼等不良因素。因此，通過散手運動的鍛鍊，可使練習者逐漸具備堅韌、頑強、自信、果斷的良好意志品質，從而造成健康的身心。

博擊格鬥，是散手運動的本質特性。散手的技術動作，都是千百年來徒手搏殺技法的精華。在現代文明社會裡，散手在防身抗暴等方面，依然有重大的實用價值。偵察兵的捕俘、公安人員的格鬥及擒獲歹徒、平民百姓尤其是婦女的日常防身等等，都離不開散手的技術。

散手作為現代體育運動的一員，還有著較高的表演和欣賞價值。散手是拳打、腳踢的博擊藝術，其「藝術語言」人人讀得懂，看得明。人們在觀賞散手表演或比賽時，不僅可以領略搏擊格鬥的奇招妙術，更能目睹散手運動鬥技、鬥勇，英武壯烈的場景，品味開拓人生、百折不撓的精神內涵。此外，還可隨興而發，評點比賽水平的優劣，感受觀賞的樂趣。

四、學練散手技術的一般步驟

散手的近乎肉搏戰式的特點，決定了對技術動作、身體素質、心理素質等方面的高要求和高標準，因此，要學習和掌握散手，注定要長期付出艱辛的勞動，傾注心血和汗水。依據散手技術的特點和規律，學習和掌握散手技術，一般按照以下三個步驟進行。這些步驟會使你在較短的時間裡，較快地學會和運用散手技術。

第一步：學會動作

首先，根據動作的文字說明和圖解，如該動作的手型、步型、身體姿勢的規格，手法、腿法、步法、身法的起點、止點和運動路線，以及動作的關鍵環節、要點等等，學做動作。其次，根據動作的打擊力點、用途及運用時機，加深對動作的理解。第三，反覆練習，進而熟練地掌握動作。

第二步：喂引強化

喂，就是讓同伴做假設性對手，根據學練動作的需要來給你做喂遞動作。如練習「架擋」防上動作，同伴先由慢速逐漸過渡到快速喂遞劈砸拳，你則反覆不斷地做上架防守動作，體會動作的運行、要點和運用時機，從而強化動作的準確性和實效性。

引，就是讓同伴有意造成各種各樣的空檔，引發你捉捕時機運用所學的動作。如讓同伴做各種腿法佯攻，引發你在同伴出腿後收腿著地的刹那空檔，迅速起腿攻擊，以此強化動作的運用時機，把學會的動作招式變成現實的應用。

第三步：實戰磨練

實戰磨練，是學練動作的最高形式。在與同伴無條件性的實戰對抗中，情況千變萬化，戰機稍縱即逝，進、退、攻、守、距離、時機和同伴的強弱等等，都給動作的運用提出了同實際比賽相近的要求。在這種情況下，反覆磨練運用所學的技術動作，可使你在較短的時間裡較快地積累經驗，提高動作的實際應用能力。

五、學練散手的要求和注意事項

㈠、必須加強「武德」修養。武德是指尚武崇德的精神，它是武壇共同信仰和遵守的言行準則。學練散手的目的不僅是追求鍛鍊體魄、武勇有力、爭鬥有術、自強不息的「尚武」精神，更是寬厚謙讓、誠實守諾、除暴安良、扶助弱小的「厚德載物」德性的修煉。因此，學練散手，必須加強武德修養，完備良好的道德品質和思想作風，樹立助人為樂、見義勇為的優良風尚。切不可以武恃強凌弱，打架鬥毆，肆意鬧事，違反社會公德，擾亂社會治安，違法亂紀。否則，會害人害己。

㈡、需要具備良好的意志品質，堅韌不拔的毅力。散手是一項既艱苦又難練的運動，學練散手不可避免地要遇到各種各樣的困難，如疲勞、疼痛等。因此，只有具備頑強的戰鬥作風和持之以恒的學習態度和精神，才能刻苦學練，努力鑽研，不斷進步。

㈢、學練散手或比賽之前，要充分做好準備活動。充分的準備活動，可提高神經與肌肉的興奮性，克服內臟器官的生理惰性，使人體各種器官進入工作狀態，從而保證學練技術動作時的機能需要，或比賽時技術技能的正常發揮。同時，也可避免諸如肌肉、韌帶、關節等傷害事故。

㈣、在學練散手過程中，要遵循循序漸進的原則。技術動作要扎扎實實一招一式的學，一個動作一個動作地練。在吃透前一個動作的要領、用途和運用時機，較熟練地掌握後，才能開始下一個動作的學練。然後再逐漸過渡到組合練習、綜合練習、實戰練習。切不可圖快、貪多，否則，「欲速

則不達」。

　　㈤、要注意安全，禁止不戴護具進行實戰練習。散手實戰的拳打腳踢，極容易將人致傷，因此，實戰練習時必須要穿戴好各種護具，如護頭、護齒、護身、護襠、拳套等等。此外，練習場地要平整、寬闊，不要在凹凸不平和有磚頭瓦塊的場地上進行練習，以確保安全。

　　㈥、要掌握一定的醫療救護知識，正確處理各種傷害事故。散手運動的劇烈對抗特點，必不可免地會出現各種各樣的傷害事故，因此，了解和掌握一定的救護知識和手段，是十分重要的（散手運動常見損傷的處置方法，本書第六章將有敍述）。

　　㈦、學練散手或比賽結束後，要注意做適當的整理活動。因為運動停止後的一段時間內，人體的各種生理機能還維持在較高的水平，需要一個由高到正常的調整過程。此外，運動時在肌肉中產生的代謝產物（乳酸等）也需要清除。適當的放鬆整理活動，可使全身肌肉及神經系統相對鬆弛下來，促使疲勞盡快消除，並可防止局部疲勞過度的發生。

第二章　散手的基礎知識

　　學習散手技術由基礎知識入手。了解和掌握下面介紹的散手技術的基礎知識，將有助於你對散手技術具體動作的理解和掌握。

一、人體的攻防「武器」

　　散手技術中，人體的許多部位都可作為進攻或防守的武器。一般來講，這些部位比較堅實，並有一定的硬度，用來攻擊可給對手以重創。用來防守則可保護你自己的安全。

(一)　拳

　　四指併攏，卷握，指尖貼住手掌心，拇指彎曲緊扣在食指和中指的中節指骨上，拳面繃平。拳心朝下為平拳（圖1）；拳眼朝上為立拳（圖2）。

　　拳的打擊力點主要有：拳面（圖1虛線章）、拳輪（圖2虛線章）、拳背（圖3虛線章）。

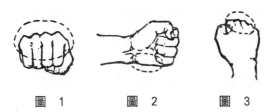

圖1　　　　　圖2　　　　　圖3

　　拳是散手運動最主要的攻擊性武器之一，它廣泛用於打擊各個要害部位。

㈡　掌

　　四指併攏伸直，拇指彎曲緊扣於虎口處。翹指坐腕，掌心斜朝前，掌指朝上為立掌（圖４），手腕伸直，掌心朝下為俯掌（圖５），掌心朝上為仰掌（圖６）；扣腕，掌心朝斜下，小指側朝前為橫掌（圖７）。四指併攏伸直，拇指伸直分開為八字掌（圖８）。

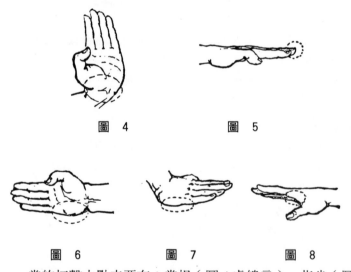

圖　４　　　　　　　圖　５

圖　６　　　　　圖　７　　　　　圖　８

　　掌的打擊力點主要有：掌根（圖４虛線章）、指尖（圖５虛線章）、掌刃（圖６、７虛線章）、背刃（圖８虛線章）。

　　掌多用於推、戳、切、截、砍、劈等動作。

(三) 勾

五指第一指節捏攏在一起，屈腕（圖 9）。

勾的打擊力點主要有：勾頂（圖 9 虛線章）、勾尖（圖 10 虛線章）。

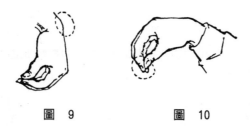

圖　9　　　　　　　圖　10

(四) 扣手

五指微屈張開，手心成圖形（圖 11）。

扣手多用於抄抱腿、抓、拍、壓等動作。

(五) 刁手

四指併攏伸直，拇指彎曲緊扣於虎口處；掌指外展斜側橫攏，掌心朝下（圖 12）。

刁手多用於刁抓、刁掛等動作。

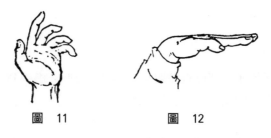

圖　11　　　　　　　圖　12

(六) 前臂

　　前臂的使用部位有拇指一側的外臂、小指的一側的內臂、手背一側的背臂、手掌一側的掌臂（圖13、14）。

　　前臂主要用於內格擋、外格擋、架擋、截擊、臂擋等動作。

(七)　肘

　　上臂抬起，前臂彎曲、夾緊，使尺骨鷹嘴部位凸出，形成肘尖（圖15）。

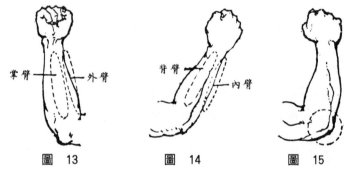

掌臂　　外臂　　　背臂　　　內臂

圖　13　　　　　圖　14　　　　　圖　15

　　肘的打擊力點集中在肘尖及周圍區域（圖15虛線章）。

　　肘可以向下、前、後、左、右五個方位做攻擊動作，是近戰的重要武器之一。

(八)　腳

　　腳的使用部位有腳跟和前腳掌（圖16虛線章）、腳掌（圖17虛線章）、腳背（圖18虛線章）、腳刃（圖19虛線章）。

　　腳是散手運動最主要的攻擊性武器之一。它廣泛用於打擊各個要害部位，也可用於阻截防守。

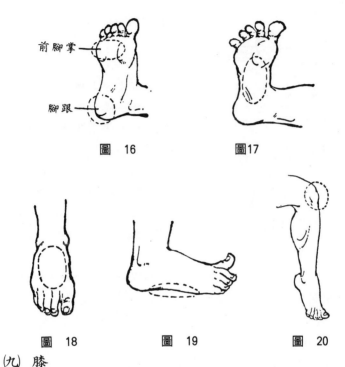

前腳掌

腳跟

圖　16　　　　　圖17

圖　18　　　　　圖　19　　　　　圖　20

(九)　膝

　　大腿抬起，小腿彎曲、夾緊，使髕骨及膝關節部位凸出形成膝尖和周圍尖端面（圖 20 ）。

　　膝的打擊力點集中在膝尖及周圍尖端面（圖 20 虛線部分）。

　　膝是近戰的重要武器之一，主要用於撞擊、跪砸等動作。

二、主要攻擊目標

　　攻擊的主要目標如圖 21 所示。目標基本上都是人體的要害部位，是進攻和防守的焦點，關係重大，因此，必須了

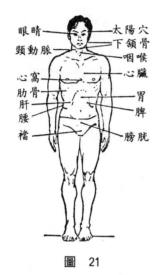

眼睛
頸動脈
心窩
肋骨
肝
腰
襠

太陽穴
下頜骨
咽喉
心臟
胃
脾
膀胱

圖　21

解和熟記它們。

(一)　頭部

頭部是人體的主宰，有聽、視、嗅覺器官，以及大腦、小腦等重要神經中樞。其要害有眼睛、太陽穴、下頜骨等部位，若受到劇烈打擊，會使人昏迷，甚至死亡。

(二)　頸部

頸部中間有咽喉，兩側還有頸動脈血管等。若受到劇烈掐壓、切打，會使人發昏、休克，甚至死亡。

(三)　胸部

胸腔內有心、肺等重要器官。若受到劇烈打擊或壓迫，會使心肺受到損傷，失去正常功能。

(四)　肋部

肋部共有十二對肋骨。由於肋骨細長，若受到劇烈打擊或壓迫，會造成劇痛、骨折或內臟器官損傷。

(五)　腹部

腹腔內有肝、脾、胃、腎、膀胱等重要器官，壁層腹膜神經末梢豐富，感覺極其靈敏。若受到劇烈打擊或壓迫，會造成劇痛或昏迷。

㈥ 腰 部

腰部是維護身體姿勢、傳導重力的重要部位。若背後受到劇烈的擊撞、蹬踹，會造成腰椎，腎臟損傷。

㈦ 襠 部

襠部有生殖器官，同時也是人體神經末梢最豐富的部位。若受到劇烈抓掐、踢撞，會造成劇痛、休克，甚至死亡。

三、人體易控關節

人體易控關節如圖 22 所示。了解和掌握人體的易控關節，對於散手技法的合理運用，尤其是擒拿與反擒拿技法的運用，具有重要的意義。

㈠ 寰枕關節

寰枕關節是頭和頸椎的連接關節，可以做前屈、後伸和側屈運動。若受到劇烈打擊或左右擰轉，會造成損傷。

㈡ 肩 關 節

肩關節可做屈伸、外展、內收、內旋、外旋和繞環運動。若被用力左右擰轉或後扳至極點再施加壓力，會造成關節脫臼或韌帶損傷。

㈢ 肘 關 節

肘關節的活動範圍較小，只能做屈伸和內旋、外旋運動。完全伸直時，由後猛烈打擊或施加壓力，會造成關節脫臼或韌帶損傷。

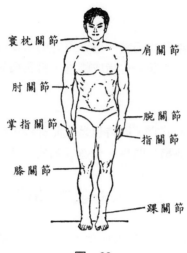

寰枕關節

肩關節

肘關節

腕關節

掌指關節

指關節

膝關節

踝關節

圖　22

(四) 腕關節

腕關節可做屈伸、外展、內收和環轉運動。組成關節的八塊腕骨較小，主要靠韌帶連接。若被猛烈摔折，會造成骨折、脫臼或韌帶損傷。

(五) 掌指關節

掌指關節可以屈伸、外展、內收和環轉運動。伸直時，用力向後折或左右扳，易造成關節脫臼或韌帶損傷。

(六) 指關節

指關節的活動範圍較小，只能做屈伸運動。伸直時，用力向後或兩側猛折會造成關節脫臼或指骨骨折。

(七) 膝關節

膝關節可以做屈伸運動。在小腿屈時，可做微小的回旋

運動。它伸直時，若受到由前方或側面猛烈蹬踹，會造成關節脫臼或韌帶損傷。

(八)　踝關節

踝關節可以做屈伸、外展（外翻）、內收（內翻）和環轉運動。若被猛烈打擊或撐折，會造成關節脫臼或韌帶損傷。

第三章　散手的基本技術

　　散手的技術十分豐富，其基本技術可分為踢（腿、膝法）、打（手、肘法）、摔（摔跌法）、拿（擒拿法）四大類。目前，散手比賽規則上暫不允許使用擒拿和用頭、肘、膝進攻對手。但公安、武警的擒敵格鬥和平民百姓的日常防身則不受規則約束。為了滿足不同層次愛好者系統學習散手技術的需求，這裡對散手的四大類技術作全面的介紹。你可以按需要選練。

一、實戰姿勢

　　實戰姿勢，就是你在與對手進行攻防格鬥之前所採用的臨戰動作姿勢，也叫「預備勢」或「警戒勢」。

　　一般來說，實戰姿勢不可能有統一的定式。但就攻防格鬥的特性而言，你無論採用何種實戰姿勢，都必須符合這樣幾條原則：①所採用的姿勢應使自己的手、眼、身、步處於擊發狀態，具有最佳的機動快速反應性能；②應有利於自己進攻、防守、反擊技術的流暢運用和發揮；③應使自己的身體重心穩固，暴露的面積最小。

　　散手運動的實戰姿勢一般都是把有力的手和腿放在後面。根據手臂和腿腳在前或在後的不同，分為右實戰勢和左實戰勢兩種。左手左腿在前，右手右腿在後的為「右實戰勢」（圖23）。右手右腿在前，右手左腿在後的為「左實戰勢」

（圖 24）。一般人通常都是採用右實戰勢進行訓練和比賽，「左撇子」大都採用左實戰勢。

圖　23　　　　　　圖　24

現以「右實戰勢」為例，介紹身體各部的動作姿勢及其主要作用。

(一) 下肢的姿勢

左、右腳前後開立，兩腳間的縱向距離與肩同寬或稍寬於肩；左腳腳尖稍內扣，前腳掌著地；右腳腳尖外擺與正前方成45度角；兩膝微屈；身體重心前後四六開。

左腳——踢擊主要靠它來完成。

左膝——微微內扣，用以防護襠部及小腹區域。

右腿——要像一個繃緊的彈簧一樣具有彈性，做好激發身體向前運動的準備。它也是重擊的武器。

(二) 軀幹的姿勢

身體側向前方，以胸、腹的左側朝著對手；上體稍前傾，含胸，收腹；髖關節自然放鬆，臀部內收。

這種身體側對著對手的姿勢，不僅有利於攻防技術的發

揮，而且可以減少受攻擊的面積。而含胸收腹、自然放鬆則
有利於肌肉群的協調工作，充分發揮身體爆發力。

㈢ 兩臂的姿勢

　　兩肩鬆沈，兩拳虛握；左臂抬起，上臂與前臂約成90度
肘部自然下垂，拳與下頜骨同高，拳心朝斜下；右臂彎曲小
於90度，肘部下垂，右拳置於左胸前約10公分處，拳心朝裡。
　　右手──進攻主要靠左手完成，並用來防護臉和腹部。
　　左肘──用來防護身體的中部和左側。
　　右肩──微微抬起，下頜稍稍降低，以便防護下頜和臉
部的左下側。
　　右手──重擊主要依靠右手，並用以防護臉和腹部。
　　右前臂──用來防護身體的中部。
　　右肘──用於防守身體的右側。

㈣ 頭部的姿勢

　　頭稍低下，下頜內收；嘴唇閉合，牙齒咬緊；目視對手
上體，餘光環視對手全身。
　　頭部的這種姿勢既可以保護下頜、咽部，又可以使頸部
肌肉保持一定的緊張狀態，使面部、下頜在受到外力擊打的
情況下有良好的支點。
　　以上敍述的是右實戰勢。如果你是「左撇子」，只需調
換一下左右即可。

二、基本步法

　　步法猶如胯下的戰馬，無論是進攻還是防守，都有賴於

腳步的移動和支撐。散手要求用快速靈活的步法調整與對手的距離，以保證接近和有效地擊中對手；同時又能迅速地撤離，使對手打擊落空。掌握步法，是你學練散手其它技術的首要條件之一。

(一) 步法

1.　**上步**：從右實戰勢開始（以下，除另有說明者外，都從右實戰勢開始），右腳微離地面向前上一步；身體左轉；左轉以前腳掌為軸內轉。同時，左、右拳前後交換成左實戰勢（圖25）。

要點：上步對右腳要擦地前行，身體不能前後擺動；兩手交換要與上步同步進行。

用途：改變格鬥姿勢，或調整與對手的距離，以便攻守。

2.　**撤步**：左腳微離地面向後撤一步；身體左轉；右腳以前腳掌為軸外轉。同時，左右拳前後交換成左實戰勢（圖26）。

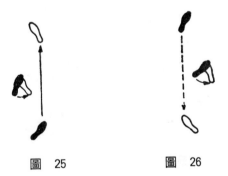

圖　25　　　　　圖　26

要點和用途：參考「上步」。

3.　**滑步**：

(1)前滑步：身體重心前移；同時左腳擦地向前滑行半步

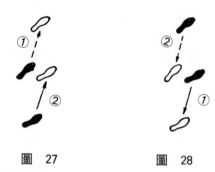

圖　27　　　　　　　　圖　28

；右腳隨即跟進半步（圖 27 ）。

　⑵後滑步：身體重心後移；同時右腳擦地向後滑行半步
；左腳隨即退回半步（圖 28 ）。

　⑶左滑步：身體重心左移；同時左腳向左橫向擦地滑行
半步；右腳隨即向左滑半步（圖 29 ）。

　⑷右滑步：身體重心右移；同時右腳向右橫向擦地滑行
半步；左腳隨即向右滑半步（圖 30 ）。

　要點：滑步步幅不宜過大，起動和跟滑要迅速連貫。

　用途：主要用來調整與對手的間隔距離，以便攻守。

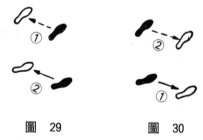

圖　29　　　　　　　　圖　30

　4．交叉步：

　⑴前交叉步：右腳向左前方落步，同時左腳後跟離地；
兩腿略成交叉狀（圖 31 ）。

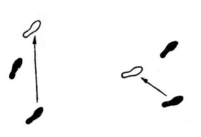

圖　31　　　　　　圖　32

　⑵後交叉步：右腳經左腿後方向左側橫移一步，腳跟離地；兩腿略成交叉狀（圖32）。

　要點：做交叉時身體不要轉動，左側面仍與對手相對；右腳的落點、方向可根據需要靈活掌握；交叉動作後要及時還原成實戰勢。

　用途：用於快速接近對手，或為腿法及摔法做鋪墊。

　5．跨步：

　⑴左跨步：左腳向左斜前方跨出一步並屈膝內扣腳尖；同時身體左轉，右肩內扣；右腳迅速向斜前方跟進，腳跟提起。右拳向斜下方伸出；左手收至右腮旁（圖33、34）。

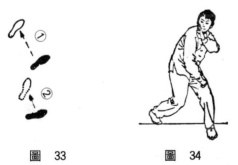

圖　33　　　　　　圖　34

　⑵右跨步：右腳向右斜前方跨出一步，並屈膝內扣腳尖；身體左轉，左肩內扣；左腳迅速向斜前方跟進，腳跟提起

圖　35　　　　　　　　圖　36

。同時，左拳向斜下方伸出；左手收至左腮旁（圖35、36
）。

要點：跨步動作要快速敏捷，轉體扣肩要快。兩腿一虛
一實，兩臂分別防護上、下。

用途：主要用於側閃防守。

6.　閃步：

⑴左閃步：左腳向左側或左斜前方滑行一步，隨身體向
右後撐轉的同時，右腳向左後方弧線移動跟上一步（圖37
）。

⑵右閃步：右腳向右側或右斜前方滑行一步，隨身體向
右後閃轉的同時，左腳向右前弧線滑動一小步（圖38）。
根據實際需要，也可以身體左轉、左腳滑至右腳後方，換成
左實戰勢（圖39）。

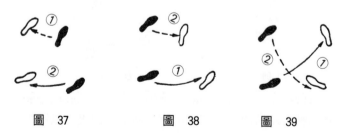

圖　37　　　　　　圖　38　　　　　　圖　39

要點：步法完成與身體的閃轉協調一致，上體不要後仰。

用途：當對手的直線進攻來勢猛、衝力大時，可採用閃步避開鋒芒，轉入側翼反擊。

7.　墊步：

(1)前墊步：右腳蹬地向左腳內側躍進落步，同時左腳蹬地屈膝向前上提起。此後可還原成實戰勢，也可左腳姿勢不變右腳連續向前墊步（圖40）。

(2)後墊步：動作方法與前墊步同理，只是運動方向相反（圖41）。

要點：墊步與提膝不能脫節、不能停頓；身體向前或向後移動，不要騰空過空。

用途；用於快速接近對手，施用腿法攻擊；或快速脫離對手的低位腿法的攻擊。

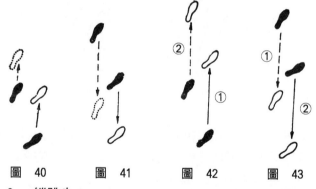

圖　40　　　圖　41　　　圖　42　　　圖　43

8.　縱跳步：

(1)前縱跳步：右腳蹬地後向前跨躍一步，右腳隨即向前上一步，上體姿勢不變（圖42）。可連續重複動作。

(2)後縱跳步：左腳蹬地後向後撤躍一步，右腳隨即回撤

一步（圖43）。

要點：兩腳動作要連貫迅速，上體不要前俯後仰，騰空不可過高。

用途：主要用於遠距離迅速接近對手，施用腿法攻擊；或迅速遠離對手。

9．轉身步：

(1)前轉身步：以左腳前腳掌為軸，右腳向左腳斜前落步，腳尖內扣，腳跟提起；同時身體左後轉，左手防護頭的右側，右手防護肋、腹部，目回視對手（圖44、45）。

圖　44　　　　　　圖　45

(2)後轉身步：以右腳前腳掌為軸，左腳由前向右後方落步，腳尖內扣；同時身體向右後轉，左手護頭，右手護肋、腹部，目回視對手（圖46、47）。

要點：以腰帶腿，步法移動時兩手隨之應變。轉身要疾速穩健並隨時體察對手動向。

用途：為施用後蹬腿、後踹腿，以及旋轉性腿法攻防做舖墊。

圖　46　　　　　　圖　47

(二) 步法的練習方法

　　步法的總體要求是「疾、穩、準、活」。疾，是指步法的移動要迅疾；穩，是指步法移動要平穩，重心不得失控；準，是指移動的步幅和方位要準確；活，則是指步法移動要靈活多變，富有彈性。

　　步法的練習，可採用下列方法：

　　1.**個人練習**：每學完一種步法，即反覆進行練習，揣摩和體會動作要領，掌握技術。開始可專門練習一種，待步法逐個熟練以後，可把幾種步法組合起來練習，如前滑步——前交叉步；後滑步——右閃步——後轉身步等等，或進、或退、或閃、或轉均可組合編排。這樣，既可以熟練各種步法的運用，又可以提高步法的技巧。

　　2.**結合口令或信號練習**：你可根據同伴發出的口令進行相應的步法練習。也可根據事先的約定，如根據同伴發出的掌心、掌背的朝向以及手指的數量等手勢信號，進行相應的步法練習。還可以把上述兩種方法結合起來運用。這些練習方法，既可以鞏固步法，又可以提高反應能力。

　　3.**兩人配合練習**：你與同伴面對面保持一定的距離，同伴隨意做各種步法，你根據他的動作做出相應的動作。如同伴前滑步，你則後滑步；同伴左閃，你也左閃；同伴前縱步，你則後縱步等等。練習時，雙方的距離應儘量保持不變。這種練習方法不僅能提高你的應變能力，而且能提高步法移動的準確性。

　　4.**結合攻防動作練習**：步法是為攻防技術服務的，因此，結合攻防動作進行練習，是提高步法移動實效性的主要方法。此外，它也是提高整體協調性的重要手段。如滑步、跨步、閃步以及縱跳步等，可結合衝拳動作進行練習。

　　5.**實踐反饋**：你可通過實踐練習（即實戰練習），檢驗步法移動的時機、速度、幅度等實用效果，從中發現不足，進而對症下藥，改進和完善步法動作。

三、基本進攻技術

　　擊敗對手，最終都要借助於攻擊性技術才能實現。進攻技術，是散手技術體系的主體。其它技術，如步法的移動、防守技術的運用等等，其目的都是為了更好地進攻。進攻技術的優劣，直接關係到輸贏勝敗。因此，你必須花大力氣，下苦功夫學練進攻技術，並努力練就一身攻無不克的進攻技術。

(一) 手法

　　手法具有速度快和靈活多變的特點，它能以最短的距離、最快的速度擊中對手。掌握得好，可神出鬼沒，給對手構成很大的威脅。手法包括拳法和掌法，掌用於攻擊對手頭、

頸、腹、肋和襠等部位。

　1.左直拳：從右實戰勢開始（以下，除另有說明者外，都從右實戰勢開始）。右腳蹬地，身體重心微向左腳移動；同時，上體略向右擰，左肩前頂，左拳邊內旋邊向前直線衝出，在擊打目標的一瞬間，拳頭突然握緊，力達拳面；右拳自然收護於下頦前（圖48）。拳擊打後，迅速彈回並恢復成實戰姿勢。

　要點：出拳不能向後引臂；勁力從蹬地、擰體、頂肩直達拳面，快擊快收（切勿停頓），迅速還原。

　用途：左直拳是進攻技術中最主要的動作之一，它可以結合身體高、低姿勢或左右閃躲擊打對手的頭、胸等腰以上的要害部位。

　2.右直拳：動作方法同「左直拳」，只是左右相反（圖49）。

圖 48　　　　　　　　圖 49

　要點：也同「左直拳」。此外，在擊打過程中身體不可過分前俯，注意保持身體平衡。

　用途：右直拳是一種力量大、打擊狠的重拳，運用得當，常可取得「一拳定乾坤」的效果。它的作用與「左直拳」基本相同。

3.**左擺拳**：上體微向左擰轉；同時左拳向左斜前、向前、向右前方弧線橫擺，擺出後左臂微屈，接近目標時手腕內旋，使拳面擊向目標，擊中瞬間拳頭驟然握緊，右拳自然收護於下頦前（圖50）。拳擊打後，迅速恢復成實戰姿勢。

要點：擺拳時不能向後引臂；肘尖與肩平齊，不可掀肘。擊打要借助身體向右擰轉的力量。

用途：左擺拳是一種橫向進攻型動作，可結合身體的高勢或低勢打擊對手的身體側面。上盤可打太陽穴、下頦骨側面；中盤可打腰、肋等部位。

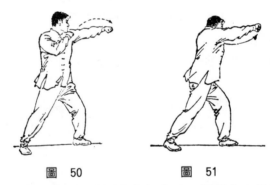

圖　50　　　　　　　圖　51

4.**右擺拳**：動作方法同「左擺拳」，只是左右相反（圖51）。

要點：蹬地內扣、身體擰轉、擺拳發力要協調一致；擊打要借助身體向左擰轉的力量。

用途：右擺拳運動路線較長，是一種力量大、打擊狠的重拳。它的作用與「左擺拳」基本相同。

5.**左勾拳**：重心略下沈，左腳蹬地，上體縮胸、收腹並向右擰轉；同時左拳邊外旋邊由下向前上方勾擊目標，力達拳面。擊出時，左上臂與前臂彎曲成小於90度的夾角；右拳

自然收護於下頦前（圖52）。拳擊打後，迅後恢復成實戰姿勢。

　　要點：重心下沈、左腳蹬地、上體向右撐轉是為了加大勾拳的打擊方面，這三個環節的動作要連貫流暢，勁力由下至上。

　　用途：左勾拳適用於近距離的攻擊。與對手短兵相接時，攻擊對手的胸、腹部或下頦部。

　　6.右勾拳：右腳蹬地扣膝合胯，身體向左撐轉；其它動作方法同「左勾拳」，但左右相反（圖53）。

圖　52　　　　　　圖　53

　　要點：要借助右腳蹬地、扣膝合胯、身體撐轉的助力擊打目標，用力要順達。

　　用途：右勾拳是近距離作戰的重器之一。作用與「左勾拳」基本相同。

　　7.劈拳：以左劈拳為例，左臂略微彎曲向前上方伸出，左拳隨即拳眼朝上，由上向下劈打，使拳輪擊向目標；右手自然收護於下頦前（圖54）。拳劈打後，迅速恢復成實戰姿勢。

　　要點：劈打時，以上臂帶前臂，到位後制動用力，同側

腰肌收縮助力。

用途：用於擊打對手的面部、肩頸部；或當對手俯身靠近時，劈擊其後背。

註：「右劈拳」可參閱左劈拳的動作方法。原則上它們的方法和原理是一致的，惟方向不同。限於篇幅，後文均照此處理。

8.**蓋拳**：以右蓋拳為例，右腳蹬地，扣膝合胯，身體向左擰轉；同時，右肩前頂，右臂彎曲邊向前上方運行邊外旋使拳心朝上；隨即沉肩伸肘，用拳背向下蓋打目標；左拳自然收護於下頦前（圖55）。拳蓋打後，迅速恢復成實戰姿勢。

要點：肩、肘關節放鬆，伸肘迅速，下蓋有力。

用途：用於蓋打對手頭頂和面部。

9.**裁拳**：以右裁拳為例，右腳蹬地，扣膝合胯，身體向左擰轉並前俯，收腹引背；同時，右臂屈肘保持90度左右，上臂及肘部掀抬並由右側向前下方揮擺，使拳經前上向前斜下方運動，以拳面裁打目標，左拳收護於下頦前（圖56）。拳裁打後，迅速恢復成實戰姿勢。

圖　54　　　　　　圖　55

要點：掀臂吊肘、上臂揮擺、右腳蹬地以及轉體俯身要協調配合。

用途：主要用於攻擊對手的肩頸部。

10.**崩拳**：以左崩拳為例，左臂邊向前伸肘邊外旋使拳背朝下；同時，左拳以左肘為支點向前方崩彈，以拳背擊打目標；右拳自然收護於下頦前（圖57）。拳崩擊後，迅速恢復成實戰姿勢。

要點：崩彈前左臂肌肉儘量放鬆；崩彈時以氣催力，肘關節猛力抖彈崩打，左肩順頂助力。

用途：崩拳的特點是冷、脆、快、遠，可出其不意地崩彈擊打對手的面部，擾亂其視線，為其它進攻動作開路。

圖　56　　　　　　圖　57

11.**鞭拳**：以右鞭拳為例，以右腳前腳掌為軸，左腳向右向後落步，腳尖內扣；同時，身體向右後轉體270度，並開展胸催肩，使右臂伸肘甩腕，用右拳背向右後目標抽鞭似地彈出（圖58、59）。拳鞭打後，迅速恢復成實戰姿勢。

以上是撤步中的鞭拳。若換成以左腳前腳掌為軸，右腳經左腳後方向左前做交叉步，並轉身鞭打目標，則成了追逼中的鞭拳（圖60、61）。

圖　58　　　　　　　　　圖　59

圖　60　　　　　　　　　圖　61

　　要點：轉體要快，以頭領先，不得停滯；鞭打時，以轉
腰、展胸催力。

　　用途：主要用於攻擊對手的側面，既可追擊，也可邊退
邊打。但使用時必須隱蔽、突然，迅雷不及掩耳。

　　12.插掌：以左插掌為例，左臂由屈到伸，前臂內旋；
同時，左虛拳變掌，掌心朝下，五指併攏，以指尖為力點向
前猛力插刺目標；右拳自然收護於下頷前（圖62）。掌插
刺後，迅速恢復成實戰姿勢。

　　要點：出掌不能向後引臂；插刺時，掌指要與左臂成一

直線，同時左肩要向前順頂以助威力。

　　用途：主要用於插刺對手的眼睛與咽喉等部位。

　　13.擊掌：以右擊掌為例，右腳蹬地並向內扣轉，重心前移；同時，上體向左撐轉，右肩前頂，右虛拳變掌，邊內旋邊向前直線擊出，力達掌根；左掌自然收護於下頦前（圖63）。擊掌完成後，迅速恢復成實戰姿勢。

　　要點：勁力從蹬地、撐體、頂肩直達掌根。擊打時，身體不可過分前俯。

　　用途：主要用於攻擊對手的面部及下頦部位。尤其是重力打擊對手上揚的下頦時，可收到「一掌必殺」的攻效。

圖　62　　　　　　圖　63　　　　　　圖　64

　　14.扇掌：以右扇掌為例，右腳蹬地並向內扣擺，身體向左撐轉；同時右虛拳變掌向右斜前、向前、向左前方平輪扇擊，力達掌心掌指；左拳自然收護於下頦前（圖64）。扇擊後，迅速恢復成實戰姿勢。

　　要點：順蹬地和身體撐轉之勢，以腰帶肩轉動發勁，助長扇擊威力。

　　用途：主要用於擊打對手頭部的側面。類似於人們所熟知的「扇耳光」動作。

15.砍掌：以右砍掌為例，並從右實戰勢開始。

⑴仰砍掌：右腳蹬地，身體左轉；同時，右虛拳變掌邊外旋邊向右斜前上方舉起，掌心朝左斜上方，隨即以掌刃為力點向左斜下方猛力砍擊目標；左手自然收護於下頦前（圖65）。砍掌後，迅速恢復成實戰姿勢。

⑵俯砍掌：身體左轉，右掌邊內旋邊向左斜前上方舉起，掌心朝下；隨即身體右轉，右掌以掌刃為力點向右斜下方猛力砍擊目標。（圖66）。

要點：借助身體的轉動，從腰發力，將掌刃砍向目標。

圖　65　　　　　圖　66

用途：主要用於揮砍對手的頸部與軟肋部。運用得當，可具「利斧砍樹」般的功效。

16.揮掌：以左揮掌為例，上身前探並向右轉體，長腰、展胸、順肩，左臂迅速向前伸肘抖腕，像甩鞭子似地以掌背為力點，將左臂爆彈甩出，直奔目標（圖67）。揮掌後，迅速彈回並恢復成實戰姿勢。

要點：動作放鬆，爆發用力，放長擊遠。

用途：主要用於揮擊對手面部，或擾亂對手視線。

圖　67　　　　　圖　68

17.撩掌：以右撩掌為例，右腳蹬地，扣膝合胯，腰向左轉，同時，右虛拳變掌邊外旋邊由下向前上撩擊，力達掌心或掌根；左手自然收護於下頦前（圖68）。撩擊後，迅速恢復成實戰姿勢。

要點：右掌不可後拉預擺，應徑直向前下沉掌，並借助蹬地和轉腰的力量向前上狠撩。

用途：主要用於攻擊對手的襠部。若遇對手俯身逼近時，也可用以攻擊其胸部或面部。

(二) 肘法

武林有「寧打十手，不挨一肘」的說法，足見肘法的擊打威力之巨大。肘法一般在近距離的情況下運用，常用於擊打對手軀幹及頭部。

1.頂肘：以左頂肘為例，從右實戰勢開始（下同），上體微右轉，含胸扣肩，左肘抬起盤於胸前，拳心朝下；隨即左腳向前進一大步，右腳跟滑半步，同時撐腰展胸，開肩發力，以肘尖為力點直線向前頂撞；右手推頂左拳面以助長發力（圖69）。頂肘後，迅速恢復成實戰姿勢。

　　要點：上步與頂肘動作要協調一致。以腰發力帶動肘尖頂撞。

　　用途：主要用於頂撞對手的胸、腹、肋等部位。

圖　69　　　　　　　　　　圖70

　　2.橫擊肘：以右橫擊肘為例，右腳蹬地，身體向左擰轉；右臂屈肘夾緊，拳心朝下向右側水平抬起，隨體轉之勢以肘關節前臂端為力點向左前方橫向擊打；左拳自然收護於下頦前（圖70）。擊肘後，迅速恢復成實戰姿勢。

　　要點：肩要鬆沉。充分利用腰的力量，以腰帶肩、帶肘發力。

　　用途：適用於近距離或貼身「肉搏戰」。可重創對手的頭部、肋部或腹部。

　　3.砸肘：以左砸肘為例，左臂屈肘夾緊；隨即以肘尖為力點由上垂直向下砸肘，同時上體微向右擰轉，左腰部側屈，重心下沉以助勁力，右手不動（圖71）。砸肘後，迅速恢復成實戰姿勢。

　　要點：下砸時手臂用力、腰側屈，重心下沉要協調一致，聚力於肘尖。

　　用途：當對手俯身抱你腰、腿時，下砸攻擊其頭部和背

部。

圖 71　　　　　　圖 72

4.**挑肘**：以右挑肘為例，右腳蹬地，身體向左擰轉；右臂屈肘夾緊，拳心朝左，以肘部前臂端為力點，由下向前上方挑擊；左手自然護於下頦前（圖72）。挑肘後，迅速恢復成實戰姿勢。

要點：挑肘前重心微向下沉；挑肘時，右肩前順，使蹬地和腰部的發力送達肘部。

用途：主要用於挑擊對手的下頦和面部。

5.**後撞肘**：以右後撞肘為例，肩關節前屈，右臂屈肘夾緊；隨即向右後轉頭、擰腰，肩關節向後猛伸，以肘尖後部為力點貼肋向後撞擊（圖73）。撞肘後，迅速恢復成實戰姿勢。

要點：後撞肘時，轉頭、展肩、擰腰、貼肋後撞等動作要同時完成，缺一不可。

用途：當對手從後面摟抱你時，後撞對手的面部或胸、腹部。

6.**後橫擊肘**：以右後回肘為例，右臂屈肘夾緊並水平抬起，拳心朝下；隨即向右後轉頭、展胸、擰腰，以肘尖後部

為力點水平向後橫擊（圖74）。擊肘後，迅速恢復成實戰
姿勢。

圖　73　　　　　　　　圖　74

　　要點：轉頭、展胸、擰腰三個環節可極大助長擊肘的威
力，不可缺漏。

　　用途：當對手從後面接近或摟抱你時，向後橫擊對手的
頭部。

（三）腿法

　　拳諺云：「手是兩扇門，全憑腿打人。」腿的攻擊幅度
大，動作猛，力度大，具有強大的攻擊力。腿法一般在中、
遠距離的情況下運用，常用於打擊對手的頭部、軀幹，襠部
和下肢。

　　1.鏟腿：以左鏟腿為例，從右實戰勢開始（下同），重
心後移，右腿屈膝半蹲支撐重心，腳尖外展；左腿屈膝提起
，腳掌內扣（圖75）；隨即左腿由屈到伸以腳刃（腳掌外
側緣）為力點向前下方鏟擊（圖76）。鏟腿後，迅速恢復
成實戰姿勢。

　　要點：鏟腿之時要展胯。動作要快速連貫完成，注意保

持自身的平衡。

　　用途：主要用於攻擊對手的膝、踝關節及小腿部位。

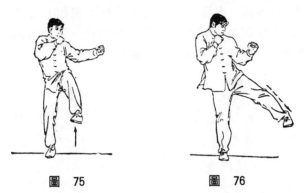

圖　75　　　　　　　　　圖　76

　　2.截腿：以右截腿為例，重心前移，左腿屈膝半蹲支撐重心；右腿屈膝側抬，小腿外旋，腳尖外擺（圖77）；隨即右腿由屈到伸以腳掌心為力點向下方猛力截踩；同時，左臂內旋前伸防護上體及頭部（圖78）。截擊後，迅速恢復成實戰姿勢。

圖　77　　　　　　　　　圖　78

　　要點：截踩時，右膝要外展。要特別注意支撐腿的穩定，動作快打快收。

用途：主要用於截擊對手的膝關節或小腿等部位。

3.**前蹬腿**：以右前蹬腿為例，重心前移，左腿支撐蹬直，腳尖微外展；右腿屈膝，勾腳尖向上提起（圖79）；隨即右腿以腳跟為力點迅疾向**前直線**蹬出，同時髖關節前送（圖80）。前蹬後，**迅速擺成實戰姿勢**。

圖 79　　　　　　　圖 80

要點：屈膝抬腿時，大腿儘量高抬貼近胸部；抬腿、發力、送髖要一氣呵成。

用途：主要用於攻擊對手的胸、腹部及襠部。

圖 81　　　　　　　圖 82

4.**側踹腿**：以左側踹腿為例，右腿微屈支撐重心，胸尖

外展；左腿屈膝提起，腳掌內扣（圖81）；隨即左腿由屈
到伸以全腳掌為力點向前方踹出（圖82）。踹腿後，迅速
恢復成實戰姿勢。

　　要點：上體、大腿、小腿、腳掌與進攻目標要成一條直
線，踹出時一定要以大腿催動小腿直線向前發力。

　　用途：主要用於攻擊對手的頭、頸、胸、肋、腰等部位。

　　5.**正彈腿**：以左正彈腿為例，右腿支撐身體重心，左腿
屈膝向前上提高，腳面繃平（圖83）；動作不停，左腿由
屈到伸，大腿帶小腿以腳背為力點向前彈出（圖84）。彈
踢後，左腳迅速收回，恢復成實戰姿勢。

　　要點：提腿屈膝與彈出連貫一致，不要停頓。快彈快收
。

　　用途：主要用於彈踢對手的襠部。

圖　83　　　　　　　　　圖　84

　　6.**側彈腿**：以右側彈腿為例，重心前移，左腿直立支撐
或稍屈，腳尖外展；右腿屈膝展髖，大、小腿折疊側向提起
，腳面繃平（圖85）；動作不停，右腿邊側抬邊由屈到伸
，大腿帶小腿以腳背為力點從右向左前橫彈；上體直立或側
傾（圖86）。彈踢後，迅速恢復成實戰姿勢。

　　要點：擊打目標時，主要靠以膝關節為軸心的小腿鞭彈動作。因此要注意膝關節內扣，小腿內旋，腳背繃平對準目標。

圖 85　　　　　圖 86　　　　　圖 87

　　用途：用於踢打對手的頭、頸、胸、腹、肋等部位，低側彈腿還可以攻擊對手的大腿和膝關節。

　　7.勾踢腿：以右勾踢腿為例，重心前移，左腿稍屈支撐，腳尖外展；同時，身體左轉，右腿腳尖勾緊、大腿帶動小腿以踝關節與腳背接合部為力點，向前方目標做弧形的勾踢；右手向右斜下方撥摟（圖87）。勾踢後，迅速恢復成實戰姿勢。

　　要點：勾踢之腿直接向前勾掃，不可預擺；勾踢時接觸用力，上下肢協調動作。

　　用途：勾踢腿具有「釜底抽薪」的功效。主要用於攻擊對手處於承重狀態的前腳的踝關節和腳後跟，使其失去重心而倒地。

　　8.後掃腿：以右後掃腿為例，重心降落至左腿；左腿屈膝全蹲，腳尖內扣，腳跟提起，右腿伸直或仆步姿勢；上體向右側擰轉並前俯，兩手在兩腿之間撐地（圖88）。動作

不停，隨撐地及上體向右後擰轉的慣性，以左腳掌為軸，右腿挺膝腳掌貼地，以小腿和踝關節後側為力點，向右後掃轉180°並猛力掃擊目標（圖89）。掃腿後，迅速恢復成實戰姿勢。

　　要點：俯身、轉體、撐地、掃腿起動均在同一時刻動作。掃轉時，重心一定要穩定在左腳上。

　　用途：主要用於攻擊對手支撐腿的踝關節和腳後跟，使其失重倒地。

圖　88　　　　　　圖　89

　　9.**轉身掄掃腿**：以右掄掃腿為例，重心前移，左腿微屈支撐，腳尖內扣（圖90）；動作不停，身體主動向右後轉體180°。同時，右腿蹬地，膝、踝關節挺直，在轉體帶動

圖　90　　　　　　圖91

下迅速向右後方橫向弧線掄掃，以腳掌為力點擊打目標（圖91）。擊打後，迅速恢復成實戰姿勢。

要點：轉體時以頭領先，動作的「狀態反射」可增快掄掃速度。

用途：主要用於攻擊對手的頭、頸、腹、肋等部位。

10.後蹬腿：以右後蹬腿為例，重心前移，左腿微屈支撐，腳尖內扣（參見圖90），動作不停，上體右後轉，右腿屈膝上提，腳尖勾起（圖92）；隨即右腿以腳跟為力點向後猛力挺膝蹬伸擊打目標（圖93）。擊打後，迅速恢復成實戰姿勢。

圖 92　　　　　　　　圖 93

要點：向右後轉體時以頭領先，腳跟發力前要與目標在一條直線上。

用途：主要用於攻擊對手的胸、腹、肋、襠等部位。

㈣ 膝法

膝關節的構造極堅硬，用於攻擊具有很大的破壞力。一般在與對手距離近的情況下運用，常用來打擊對手的軀幹、襠等部位。

　　1.**頂膝**：以右頂膝為例，從右實戰勢開始（下同），重心前移，左腿支撐站立；右腿屈膝上提，含胸收腹，以膝關節上部為力點向前上方猛力頂擊；同時，兩手由上向下做接拉拽或按壓動作（圖94）。頂膝後，迅速恢復成實戰姿勢。

　　要點：收腹、提膝與雙手向下拉拽相向用力，使勁力聚集於打擊目標上。

　　用途：主要用於攻擊對手的襠、腹及頭等要害部位。

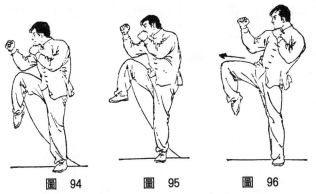

圖 94　　　　　圖 95　　　　　圖 96

　　2.**前撞膝**：以右撞膝為例，重心前移，左腿支撐站立，腳尖外展；右腿屈膝高抬，含胸收腹團身聚蓄力量（圖95）。動作不停，隨即身體微向左擰轉，挺胸、展腹、送胯，右膝以膝關節正面為力點，向前直線猛烈撞擊（圖96）。撞擊後，迅速恢復成實戰姿勢。

　　要點：靠團身後爆發擰轉、展腹、送胯帶動膝關節向前撞擊。

　　用途：主要用於攻擊對手的胸、腹部。

　　3.**橫撞膝**：以右橫撞膝為例，左腳向左斜前上一步，重心前移，左腿微屈支撐，上體微向左側傾；右腿屈膝、展髖側抬起；隨即身體向右擰轉、合髖兩手向後拉拽，右腿以膝

關節上部為力點由右向左前劃弧橫向擊出（圖97）。撞膝後，迅速恢復成實戰姿勢。

　　要點：大、小腿夾緊並儘量平抬，將膝關節突出。撞擊時，擰腰、合髖、雙手後拽協同發力。

　　用途：對手正對你時，側閃後橫撞對手胸腹部；對手側對你時，側閃後攻其肋部。

　　4.跪膝：將對手摔倒後，一腿屈膝下蹲；一腿屈膝下跪，以膝關節前下部為力點，向下跪砸對手要害部位（圖98）。左、右跪膝方法相同。

圖　97　　　　　　　　圖　98

　　要點：膝關節要對準目標準確下砸。跪砸時，要充分利用自身體重的慣性力量。

　　用途：一般用於攻擊已倒地的對手的頭、胸、腹、肋、襠等要害部位。

　　5.飛膝：

　　⑴左正飛膝：兩腿稍屈膝下蹲，隨即同時爆發蹬地，左腿在空中屈膝頂撞目標；兩手由上向下拉拽配合（圖99）。

　　⑵右橫飛膝：兩腿爆發蹬地後，右腿屈膝側抬以膝關節上部為力點，在空中由右向左前方劃弧橫撞目標（圖100）。

要點：以迅雷不及掩耳之勢突發跳起攻擊，飛膝撞擊要狠準。

用途：主要用來重創對手的頭、胸、肋等部位。

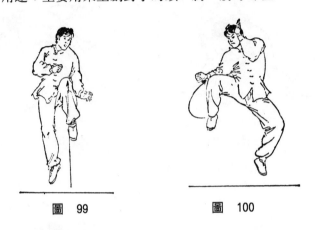

圖　99　　　　　　　　　圖　100

(五)快摔技法

博鬥雙方近距離或貼身格鬥時，若用摔法攻擊對手，原則上必須迅速將對手摔倒，否則你此時暴露出的空檔會成為對手猛烈攻擊的靶子。在散手比賽中，糾纏相抱超過兩秒鐘的摔法，也會被視為無效。因此，你必須學會適合搏擊特點的快摔技術。

1.抱雙腿摔：

(1)抱腿前頂：從兩手抱住對手雙腿開始（圖101）。兩手用力回拉，同時左肩往前拱頂對手腹部或大腿根部，將對手摔倒（圖102）。

(2)抱腿後摔：抱住對手雙腿後，對手反抱你後背抵抗；你即緊抱其雙腿挺胸、立腰，兩腿下蹲將對手抱起，向後摔倒（圖103、104）。

圖　101　　　　　　　　　　圖102

圖　103　　　　　　　　　　圖　104

　　要點：以左肩為支點，兩手抱緊對手雙眼。前頂要充分利用身體的前衝力、後摔則利用對手重心的前移。

　　2.抱單腿摔：

　　⑴抱腿前頂：原理與抱雙腿前頂摔相同。只是左手從對手襠部插入，從裡向外抱住其左腿根；右手從外向裡摟住對手的左腿膕窩，向後拉拽，左肩向前頂撞（圖105、106）。

　　⑵抱腿別摔：抱住對手左腿後，對手反抱你腰或摟夾你頸部；你即將左腿向對手右腿後側插別，同時身體右轉，雙

圖　105　　　　　　　圖　106

圖　107　　　　　　　圖　108

手向後拉拽，左肩前撞將對手摔倒（圖107、108）。

　(3)抱腿後摔：抱住對手左腿後，對手反抱你腰抵抗；你即將左手上滑至其襠部，同時降低重心，挺胸立腰，以肩為支點將對手抱起向後摔倒（圖109、110）。

　　要點：與抱雙腿摔基本相同。別摔時，不能讓彼右腿有活動餘地。

　3.折腰摟抱摔：從雙方相互摟抱腰開始（圖111）。你兩手迅速向後用力抱拉，上體積極向前衝壓對手胸部；同時，右腿向前屈抬，小腿向後勾摟對手的左小腿，使其向後傾倒（圖112、113）。

圖 109　　　　圖 110

圖 111　　　圖 112　　　圖 113

　　要點：以兩手為軸心（支點），上體前衝，右小腿後摟合力將對手似車輪般滾動摔倒。

　　4.抱腰過胸摔：從抱住對手的腰開始（圖 114 ）。右腿屈膝上步，隨即向後仰頭挺腰，雙手將對手抱起（圖 115 ）；動作不停，身體保持向後仰頭挺腰狀態，向地面倒去，當你的頭距離地面 50 公分左右時，身體迅速向左轉體，將對手摔於你的身下（圖 116 ）。

　　要點：把對手抱起後，自己要果斷向後挺腰下倒，使對手的重心懸空，向左轉體要強勁有力。

　　5.過背摔：

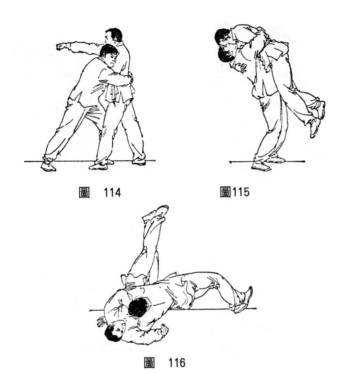

圖 114

圖115

圖 116

(1)夾頸過背摔：從格擋對手右拳開始（圖117）。左手就勢抓握對手右手；隨即上右步至對手右腿前，並向左轉體，左腿移步至對手左腿前，左、右腳平行，兩膝微屈；同時右臂從右向左摟夾對手頸部，右側臂部抵頂住對手腹部（圖118）。動作不停，隨即兩腿蹬直，身體向左側擰轉並側倒；同時右臂向左下夾擰對手頸部，左手向左後方拉拽對手右臂，以臀部為支點，將對手身體頂起並向左下摔倒（圖119、120）。

(2)摟腰過背摔：原理與夾頸過背摔相同。只是右臂從側面插入對手的左腋下摟抱住腰背部（圖121）。

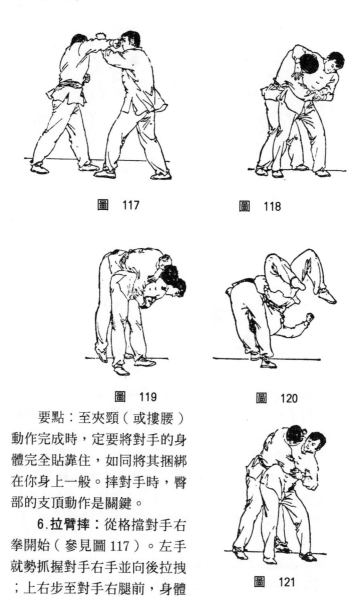

圖　117

圖　118

圖　119

圖　120

圖　121

要點：至夾頸（或摟腰）
動作完成時，定要將對手的身
體完全貼靠住，如同將其捆綁
在你身上一般。摔對手時，臀
部的支頂動作是關鍵。

6.拉臂摔：從格擋對手右
拳開始（參見圖117）。左手
就勢抓握對手右手並向後拉拽
；上右步至對手右腿前，身體

左轉，右臂從對手右臂腋下穿過並屈肘夾抱其右上臂，同時，右肩抵住對手腋窩，背緊靠其胸，髖臀亦相貼靠（圖122）。動作不停，隨即左腳後移與右腿平行並挺膝蹬地發力，同時身體猛然左後轉並前屈，肩、背、臀一齊靠頂，兩手用力拉拽並向下夾壓對手右臂，將對手從背上向前下方摔出（圖123、124）。

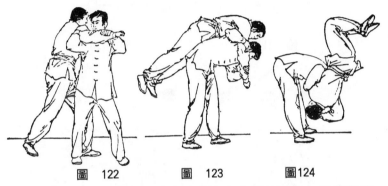

圖 122　　　　圖 123　　　　圖124

　要點：肩抵住對手腋窩時要有向上頂的勁力，迫使對手重心上浮並向你身體貼靠。摔對手時，兩手臂拉拽、夾壓與上體的前俯，以及腰、腿部的動作要同時爆發用力。

　7. 前扛摔：從格擋對手右拳開始（參見圖117）。左手就勢抓握對手右手腕並向後上拉帶，使對手身體姿勢和重心升高；同時右腳上步插入對手右腿內側，兩腿屈蹲，上體前俯並向左轉，右肩貼靠對手右側髖腹部，右手從其兩腿間插抱右大腿根部（圖125、126）。隨即，左手用力向左側下方拉拽，右手用力上掀，身體立腰，右肩上頂，兩腿蹬伸將對手扛起（圖127）。隨後，可將對手向任何方向摔出。

　要點：左手將對手的重心引高是基礎。將對手打起時，一定要立腰向上發動。

圖　125　　　　　　　　圖　126

圖　127　　　　　　　　圖128

　　8.挫壓摔：從兩臂十字防住對手右側彈腿開始（圖 128）
。左臂外旋滾動，將對手右腿夾抱固定，右手迅速按住對手
右大腿內側或膝關節內側；同時身體左轉，右腳迅速插入對
手兩腿間別住其左腿後側（圖 129）。動作不停，身體繼續
左轉的同時，左手回抱，右手猛力向左側下方挫壓對手右腿
，將對手摔倒（圖 130）。

　　要點：左臂滾抱、右腿別腿是完成動作的基礎。挫壓時
，要借助轉體從腰發勁將對手摔倒。整個動作一氣呵成，不

圖　129　　　　　　圖　130

可有停頓。

9.**勾踢摔**：從左手摟防對手右側踹腿開始（圖131）。左臂外旋滾動，將對手右腿夾抱固定（圖132）。動作不停，左手上抬，右手迅速從對手右肩上穿過壓住其後頸部，並向右側下方拉拽，同時，右腳猛力從右向左勾踢對手支撐腿踝關節處，將對手摔倒（圖133）。

要點：左手滾動夾抱腿要迅速完成。左手上抬、右手拉拽、左腿勾踢，三個環節要同時動作，合力將對手向右側摔

圖　131

圖　132　　　　　　　　圖　133

下。

10. 抱腿過背摔：從兩臂十字防對手右蹬腿開始（圖134
）。兩手迅速抓抱對手右腿，同時身體右後轉，右腳向左腳
內側落步，兩膝屈蹲，將對手右腿抬扛於左肩上（圖135）
。動作不停，隨即低頭、弓腰，兩腿向後蹬伸，兩手向前下
拉拽，將對手過背摔下（圖136）。

　　要點：一般在對手的踢蹬腿較高時使用。兩手抓抱時，
左手抓踝關節、右手臂夾抱膝窩；過背摔時，一定要有兩腿
向後蹬伸的動作，過背動作要全身爆發用力。

圖　134

圖　135　　　　　　　圖　136

11.壓頸掀腿摔：從對手俯身抱雙膝開始（圖137）。身體重心下沈，屈腰、雙腿微下蹲，同時，左手按住對手後頸部，右手由下向上托抓對手左膝關節（圖138）。動作不停，隨即身體向左擰轉，左手向左後下壓、右手向上掀托，將對手掀翻（圖139）。

要點：要先沉重心較勁以防被對手抱起。壓頸掀腿時，下壓、上掀、擰體要協調動作，爆發用力。

圖　137　　　　　　　圖　138

圖 139

12.後倒蹬腹摔：從雙方相互架臂開始（圖140）。兩手迅速扒倒對手雙肩；隨即主動後倒，同時右腿屈抬、右腳掌抵住對手腹部（圖141）。動作不停，右腳用力向上、向後蹬頂，將對手凌空蹬翻（圖142）。

要點：主動後倒時，一要用雙手回帶引動對手前衝，二要利用雙方架臂相峙時對手的向前頂力的慣性。蹬腳時，腳掌一定要先抵住對手的腹部，否則無法將對手凌空磴起。

圖 140　　　　　　圖 141

圖　142

㈥ 組合技法

　　通常，單打一的進攻動作一般難以有效地擊中對手，若
將各種進攻動作合理地組合起來運用，則較容易撕破對手的
防線。依據前文所學的進攻技術，可以組合成無數進攻組合
動作。進攻動作的組合，必須遵循上下、左右、橫直、真假
結合運用的原則，以使對手首尾不能相顧，顧此失彼，真真
假假，防不勝防。你在選練下文所介紹的進攻組合後，可以
根據個人喜好和特長組成更適合於你自己的進攻組合。

　　1.左直拳（虛）→左直拳→右直拳：

圖　143

動作①：從右實戰勢開始（下同），你先用左直拳虛擊對手頭部，當對手空做防守動作後恢復實戰姿勢瞬間（圖143），你迅速向前滑步，並以左、右直拳連續攻擊對手頭部（圖144、145）。

要求：左虛直拳要逼真輕快，富有彈性；連擊拳要迅速有力。右拳要傾力重擊。

圖 144   圖 145

動作②：你先以左直拳虛晃對手頭部，當對手防守上部時（圖146），你迅速向前滑步沉身，並以左直拳攻擊對手腹部（圖147）；動作不停，右直拳隨即攻擊對手頭部（圖148）。

圖 146   圖 147

要求：同動作①。

圖 148

2.左直拳（虛）→左擺拳→右直掌：

你先用左直拳虛擊對手頭部，當對手用右手向前做阻擋防守動作時（圖149），你迅速將左直拳變為左擺拳攻擊對手頭部（圖150）；隨即以右直拳擊對手頭部（圖151）。

要求：左拳虛擊要輕快並富有彈性，擺擊迅速有力，右直拳傾力重擊。

圖 149　　　　　圖 150

3.左直拳（虛）→左蹬腿→左直拳：

你先用左直拳虛晃對手頭部；當對手防守上部時，你迅速起左腳蹬擊對手腹部（圖152）；隨即左腳前落以左直拳

圖　151

圖　152

圖　153

擊對手頭部（圖153）。

　　要求：左拳虛晃動作要逼真，左蹬腿和直拳連擊流暢。

　　4.左直拳（虛）→左蹬腿→右踹腿：

　　你先以左直拳虛擊對手頭部，當對手防守上部時，你迅速起左腳蹬擊對手腹部（圖154）；隨即左腳回落，身體左轉，同時抬右腿側踹對手胸部（圖155）。

　　要求：虛晃動作要逼真；蹬、踹動作要連貫，迅速有力。

　　5.右直拳（虛）→左勾拳→右砍掌：

　　你先稍向左轉、右拳向前虛晃擊打，當對手蹲身下躲避閃時，（圖156），你迅速向前滑步，同時以左勾拳擊對手

圖 154　　　　　　　圖 155

圖 156　　　　　　　圖 157

圖 158　　　　　　　圖 159

下頦部（圖 157）；隨即右掌砍擊對手左頸部（圖 158）。

要求：右直拳虛晃要以假亂真，左勾右砍要迅速有力。

6.右直拳（虛）→右勾踢→右鏟腿：

你稍向左轉、右拳向前虛擊對手頭部，當對手防守頭部時（圖159），你右腳迅速向前勾踢對手左踝關節（圖160）；隨即右腳不落地迅速再向前鏟踢對手右膝關節內側（圖161）。

要求：上下動作要協調，勾踢和鏟腿時要準確到位，並保持自身平衡。

圖　160　　　　　圖　161

7.右直拳（虛）→右撞膝→右橫肘：

你先以右拳向前做虛擊對手頭部動作，當對手防守頭部時（參見圖159），你迅速屈抬右膝向前撞擊對手左肋部（圖162）；隨即右腳前落，右肘同時向前下橫擊對手頭部（圖163）。

要求：整個組合動作要一氣呵成，撞膝要迅猛，擊肘要重狠。

8.左擺拳（虛）→右直拳→左擺拳：你先以左擺拳虛晃擊打對手頭部右側，當對手用右臂擋格防守時（圖164），你迅速向前滑步並以右直拳攻擊對手頭部（圖165）；隨即身體右轉並以左擺拳橫擊對手頭部右側（圖166）。

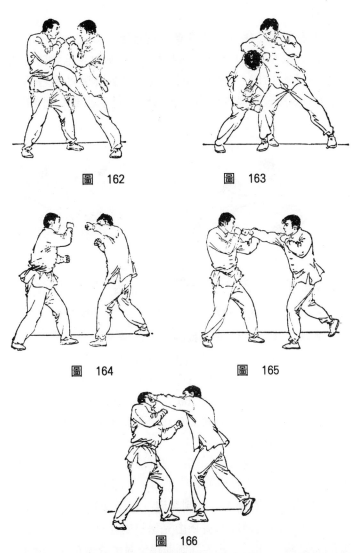

圖 162　　　　　　圖 163

圖 164　　　　　　圖 165

圖 166

要求：左擺拳虛晃瞬間右直拳迅速出擊，左擺擊頭要傾

力重擊。

9.左擺拳（虛）→左擺拳→右直拳：

你先以左擺拳虛擊對手頭部右側，當對手抬臂防守頭部時（參見圖164），你迅速沉身以左擺拳橫擊對手右肋（圖167）；緊接著起身左轉以右直拳擊打對手頭部（圖168）。

圖　167　　　　　　　　圖　168

要求：上下動作要連貫協調，右拳要傾力重擊。

10.右擺拳（虛）→左擺拳→右勾拳：

你先稍向左轉身並以右擺虛晃擊打對手頭部左側，當對手用左臂格擋防守時（圖169），你迅速向右轉體並以左擺拳攻擊對手頭部右側（圖170）；隨即再向左轉體以右勾拳攻擊對手腹部（圖171）。

要求：整個組合動作要一氣呵成，左擺要迅疾，右勾要重擊。

11.右擺拳（虛）→右側彈腿→左後蹬腿：

你先稍向左轉以右擺拳虛晃擊打對手頭部左側，當對手後閃避防時，你迅速起右腿側彈踢擊對手身體左側（圖172）；隨即右腿回落於左腳前並內扣，身體左後轉，迅速起左腳

圖　169

圖　170　　　　　　圖　171

圖　172　　　　　　圖　173

後蹬攻擊對手肋腹部（圖173）。

要求：側彈腿踢擊後要迅速回彈落地；轉身同時，左腿猛力後蹬。

12.左蹬腿（虛）→左直拳→右直拳：

你先以左蹬腿虛踢對手下腹部，當對手防守下部時（圖174），你迅速前落左腿並以左直拳攻擊對手頭部（圖175）；隨即右直拳追擊（圖176）。

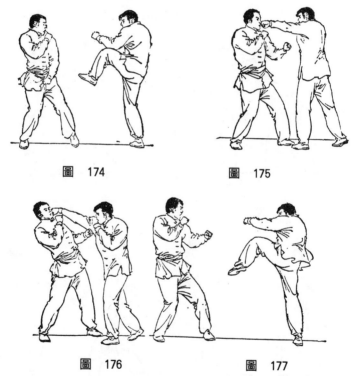

圖 174　　　　　　　　圖 175

圖 176　　　　　　　　圖 177

要求：左腿虛晃後迅速前落，左、右直拳一氣呵成，右拳傾力重擊。

13.左彈腿（虛）→右踹腿→左踹腿：

你先以左前彈腿虛踢對手襠部，當對手後閃躲避防守時
（圖 177），你左腿迅速前落，以右腳向前踹擊對手腹部
（圖 178）；隨即右腿回落於左腳內側並內扣，同時身體向
左後轉以左腳踹擊對手肋部（圖 179）。

要求：整個組合動作要流暢完成，重心要平穩。

圖　178　　　　　　　圖　179

14.左彈腿（虛）→左側彈腿→左踹腿：

你先以左前彈腿虛踢對手襠部，當對手左拳下砸防守時
（圖 180），你迅速將左腿變成側彈攻擊對手頭部右側（圖
181）；隨即左腿迅速彈回再向前踹擊對手腹部（圖 182）。

圖　180　　　　　　　圖181

圖　182　　　　　　　圖　183

要求：身體重心要保持平穩，踹腿要傾力重擊。

15.左鏟腿（虛）→左踹腿→左直拳：

你先以左鏟腿虛攻對手左腿脛骨，當對手防守下部時
（圖 183），你迅速將虛鏟腿變成側踹腿攻擊對手腹部（圖
184）；隨即左腳前落並以左直拳擊對手頭部（圖 185）。

要求：左腿的轉換要協調、迅疾，直拳要傾力重擊。

圖　184　　　　　　　圖　185

16.左直拳→左擺拳→右勾拳：

你向前滑步主動以左直拳搶攻對手頭部（圖 186）；緊
接著迅速以左擺拳橫擊對手頭部右側（圖 187）；隨即身體
左轉以右勾拳猛擊對手腹部（圖 188）。

　　要求：主動強攻頭部，傾力勾擊腹部空檔。動作要一氣呵成。

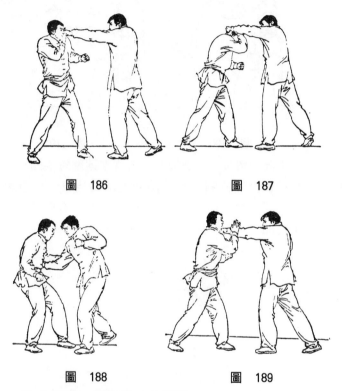

圖　186　　　　　　　　圖　187

圖　188　　　　　　　　圖　189

17.左直拳→右直拳→右踹腿：

　　你一邊向前滑步，一邊以左、右直拳連擊對手頭部（圖189、190）；乘對手忙於防守上部的時機，迅速向左轉身並以右踹腿攻擊對手腹部（圖191）。

　　要求：該動作為強攻頭部、搶攻腹部，故攻擊要強硬有力。

18.左直拳→右直拳→快摔：

圖 190　　　　　　　　圖 191

你一邊向前滑步，一邊以左、右直拳連擊對手頭部（參見圖189、190）；乘對手忙於防守上部的時機，你迅速沉身上右步，同時兩手勒住對手左膝關節後部，右肩向前猛烈撞擊對手腹部，將對手摔倒（圖192）。

圖 192

要求：對頭部的攻擊要強勁、猛烈、搶步勒膝撞腹要迅捷。

㈦ 進攻技術的練習方法

進攻技術的總體要求是：①速度快。拳理極其講究「拳打人不知」，進攻技術若能打出「快」的特點，就會使對手

防不勝防。②力量大。在激烈的搏鬥對抗中，你使用的踢打摔拿技法都有較大的打擊力度，才能給對手造成威脅。③力點準。進攻技術的力點，是構成技術方法的重要特徵。力點不準，不但是技法的錯誤，也是造成自我傷害的原因。④預兆小。動作有預兆就會預先暴露進攻意圖，一旦被對手抓住規律，會給對手創造防守和反擊的時機。⑤方法巧。搏擊靠力量取勝固然好，但「四兩撥千斤」以巧取勝則更為重要。巧妙的技法，可收到諸如將對手擊倒、使之跌叭或被擒獲的好效果。

進攻技術的練習，可採用下列方法。

1.慢速度原地練習：根據動作圖解和文字說明學會動作後，先採用慢速度的比劃練習。重點體會和揣摩動作的起、止路線和力點，不過分追求動作的用力和速度。初學動作時最容易出現動作預兆，應高度重視，你可在同伴的監督下，或面對鏡子邊練邊檢查，不斷強化正確的動作。

2.結合步法練習：基本掌握了動作規格後，你可根據實戰需要結合相應的步法練習。如左直拳，在實戰中有進步、退步、左閃或右閃左直拳等。通過結合步法練習，重點加強身體上下、左右的協調配合，做到身到、步到、拳（腳）到，發力完整。

3.打靶練習：打靶練習可分為打固定靶和活動靶兩種。固定靶，即擊踢沙袋、木樁或其它物體，通過打固定靶練習，你可體會動作的打擊過程，確認力點，同時也可提高打擊功力。活動靶，即由同伴帶上護具和輔助器材，如手靶、腳靶等幫助喂練。你可根據靶位和距離的變化，運用相應的進攻動作進行擊踢，以此提高動作的力度、步法的移動，以及靈敏反應度、距離感、空間感和命中率等。

4.**實戰練習**：實戰練習可分為條件實戰和無條件實戰兩種形式。條件實戰，就是有一定規定或限制的實戰練習，如只使用拳法、只使用腿法或只使用摔法，等等。通過條件實戰練習，可分別側重提高你的各類進攻技術的應用能力。無條件實戰則是完全按照比賽的規定和方法進行的實戰練習，對抗性和激烈程度都與比賽相差無幾。通過無條件實戰練習，可使你的進攻技術經受檢驗，並獲得寶貴的實際應用經驗。

四、基本防守技術

在搏鬥中，準確、巧妙的防守，不僅能保護自己，而且可為進攻創造有利條件。拳經說得好：「攻中能守手不丟，守中善攻練家愁；嚴守只為攻必進，能攻才能好防守。」防守的目的不僅是防護自身，而且是為進攻作鋪墊，有時防守和進攻甚至是同步完成的。因此，在學練防守技術時，你必須十分注意防守與進攻的有機聯繫。

(一) 上肢技法

1.**上架**：以左上架為例，從右實戰姿勢開始（下同），左臂屈肘，上臂掀抬，前臂邊內旋邊由下向上斜向橫架於頭前上方，以內臂部位為力點迎擊攻來的目標（圖193）。

要點：前臂邊內旋邊上架，滾動迎擊。上架幅度不可過高，以防住頭部為宜。

用途：主要用於防守對手自上而下的攻擊動作，如上架蓋拳、栽拳、劈拳（圖194）等。

2.**拍擋**：以左拍擋為例，左手以掌心為力點向裡橫向拍擋攻來的目標（圖195）。

圖 193　　　　　　　圖　194

　　要點：拍擋時，不可向前方迎撥，動作幅度要小，以防
住自己身體為宜；用力要短促。

　　用途：主要用於防守對手直線型手法或腿法對頭、頸、
胸部的攻擊。如拍擋直拳（圖196）、蹬腿、插掌等。

圖　195　　　　　　　圖　196

　　3.**外格**：以左外格為例，左前臂邊內旋邊向左斜前，以
內臂部位為力點外格攻來的目標（圖197）。

　　要點：前臂要滾動外格。動作幅度不可過大，以防過分
暴露上體。

　　用途：主要用於防守對手橫向型手法或腿法對頭、頸部

攻擊。如外格擺拳（圖198）、扇掌、側彈腿等。

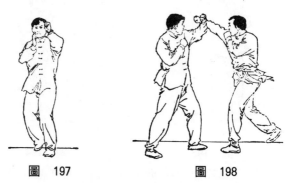

圖　197　　　　　　　　圖　198

4.**裡格**：以左裡格為例，左前臂邊外旋邊向裡移，以內臂部位為力點裡格攻來的目標（圖199）。

要點：同「外格」。

用途：主要用於防守對手直線型手法或腿法對頭、頸、胸部的攻擊。如裡格直拳（圖200）、插掌、蹬腿等。

圖　199　　　　　　　　圖　200

5.**掩肘**：以左掩肘為例，左臂彎曲、前臂邊外旋邊在腰微向右轉的同時向內、向腹下滾掩，以前臂內臂部位為力點掩砸攻來的目標（圖201）。

　　要點：上體含縮，左手向裡、向下滾壓掩砸；發力要短促。

　　用途：主要用於防守對手由下向上或直線型手法和腿法對腹、襠部的攻擊。如掩肘勾拳、撩掌、前彈腿（圖202）等。

　　6.下截：以左下截為例，左臂微屈，前臂邊微內旋邊自上而下以內臂部位為力點，向左側下截攻來的目標（圖203）。

　　要點：臂部到位後要緊張，臂在體側不宜過遠。

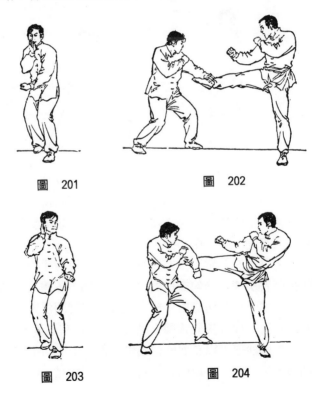

圖　201　　　　　　　　圖　202

圖　203　　　　　　　　圖　204

用途：主要用於防守對手橫向型腿法對肋、襠部的攻擊；結合右閃步，也可防守直線型腿法的攻擊。如下截側彈腿（圖 204 ）、側踹腿等。

7.裡掛：以左裡掛為例，左臂邊內旋邊由上向右斜下移，以背臂部位為力點斜掛攻來的目標（圖 205 ）。

要點：左前臂滾動掛防，同時上體略向右轉。

用途：主要用於防守對手橫向型腿法對肋、腹、襠部的攻擊；結合左閃步，也可防守直線型腿法的攻擊。如裡掛側彈腿、前蹬腿（圖 206 ）等。

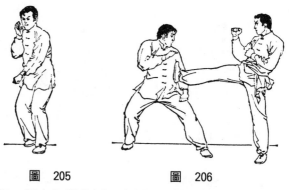

圖　205　　　　　　圖　206

8.勾掛：以左勾掛為例，左臂以肘關節為軸，由上向下向外伸肘下掛於體左側；隨即前臂內旋，以前臂和勾手勾掛對手的來腿（圖 207 ）。

要點：左前臂下掛至體側時完成掛擋對手的進攻動作，隨後前臂疾速內旋勾掛住對手腿的踝部，不讓其脫逃。

用途：用於防守對手橫向型或直線型腿法對肋、腹、襠部的攻擊。如勾掛側彈腿（圖 208 ）、側踹腿等。

9.前抄抱：以左前抄抱為例，左手由上向下向右上屈肘劃弧，掌心向上，以前臂裡臂部位為接觸點，向上抄抱對手

圖 207　　　　　圖 208

的直線型攻擊腿法；同時，右臂貼腹夾緊，以掌心為接觸點向前推抱（圖209）。

　　要點：左臂向上抄抱、上臂和前臂夾緊來腿，右手向前推抱，合力將來腿抱結實。右手前推也含阻擋防守的意義。

　　用途：用於防守對手直線腿法對胸、腹、肋部的攻擊。如抄抱側踹腿、前蹬腿（圖210）等。

圖 209　　　　　圖 210

　　10.側抄抱：以左側抄抱為例，身體左轉右肩前領；右手由下向左上伸肘；左臂屈肘置於頭、胸前，前臂內旋，手心向外；兩肘關節相對靠近，以兩前臂和掌心為觸點，同時

一起合抱對手來腿（圖211、212）。

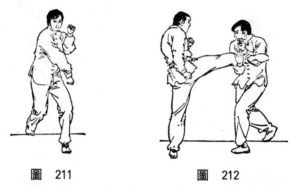

圖 211　　　　　圖 212

　　左側抄抱也可以先做左臂下截動作，然後左前臂迅速外旋上抄，右手向下夾抱，完成抱腿動作（圖213、214）。

　　要點：兩臂在完成防守動作的同時，完成抄抱動作。上抄、下抱要同時快速完成。

　　用途：用於防守、接抱對手直線型或橫向型腿法對胸、腹、肋部的攻擊。

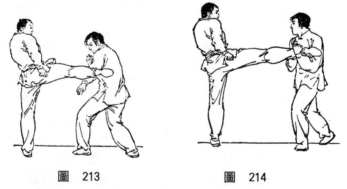

圖 213　　　　　圖 214

11.阻擋：

⑴手阻：右（左）手張開，向下頦前方推出，阻擋對手

的直拳（圖 215）。

(2)肩阻：左肩內含並向上提起，下頦收緊，右手護於口、鼻處，防守對手的直拳（圖 216）或擺拳。

圖　215　　　　　　　　圖　216

(3)臂阻：左臂屈肘護於體前，以臂部阻擋對手的直線型腿法攻擊（圖 217）。

　　要求：肩、臂阻擋時，身體肌肉緊張收縮，閉氣或沉氣抗勁，兩手緊護體前，儘量縮小被擊面。

　　用途：保護自身要害，阻擋對手的攻擊，並為反擊做準備。

圖　217

（二）下肢技法

1.提膝阻擋：從右實戰勢開始（下同），前腿屈膝提起阻擋攻來的目標（圖 218）。

要求：重心要穩，支撐腿微屈。

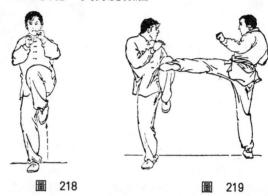

圖 218   圖 219

用途：用於防守對手正面或橫向型腿法對襠部的攻擊。如阻擋側彈腿（圖 219）等。

2.提膝避閃：前腿屈膝提起，避開對手的腿法攻擊。

要點：前腿起動要迅速，並進入擊發狀態，支撐腿要保持平穩。

用途：用於防守對手各種腿法對膝、踝部的攻擊。如避閃低鏟腿、勾踢腿（圖 220）等。

3.阻截：前腿屈膝略抬，以腳掌為力點前伸阻截對手欲攻之腿（圖 221）。

要點：搶在對手進攻之前，迅速提膝出擊阻截，支撐要穩。

用途：先發制人，破壞對手的進攻意圖。

（三）閃躲法

1.後閃：從右實戰開始（下同），當對手用拳法攻來時

圖 220　　　　　圖 221

，重心後傾，上體稍後仰，肩稍合併上抬，下頦內收，目視對手（圖222）。當對手用腿法攻來時，則需向後滑撤一步。

　　要點：後閃時，上體後仰幅度不宜過大，頭部不得後仰。

　　用途：用於防守對手各種拳法或腿法對頭、頸部的攻擊，並為反擊為輔墊。

圖　222

　　2.側閃：兩膝微屈，兩手保持護衛狀態，上體前俯並向左側（圖223）或右側（圖224））閃躱攻來的目標。

　　要點：上體要含縮，其它各部位動作不變，目視對手。

　　用途：用於向兩側閃躱對手直線型手法對頭部的攻擊。

如側閃左右衝拳，插掌等。

圖　223　　　　　圖　224

3.**下躲**：兩腿屈膝下蹲，同時縮頭、含肩、收下頷，弧形向下躲閃攻來的目標，目視對手。

要點：低身下躲主要靠兩膝的屈伸來調整，不可低頭彎腰。

用途：用於下躲對手各種橫向型手法或腿法對頭、頸部的攻擊。如下躲擺拳（圖225）、高側彈腿等。

圖　225

4.**跳閃**：兩腿蹬地跳起，使身體向上、後、左、右跳閃攻來的目標。

要點：上體動作保持不變，並始終注視對手。

作用：用於向上避閃對手對膝、踝關節的攻擊；或向後、左、右應急跳閃防守，尋找最佳反擊位置和時機。圖226為向上跳閃後掃腿動作。

圖　226

(四) 防摔法

1.推阻法：

(1)防抱腿：當對手身體前俯欲抱腿時（圖227），你迅速降低重心，身體前傾，兩手向前推阻對手兩肩，破壞對手的抱腿動作（圖228）。

要點：兩手推阻要迅速、準確、接觸用力，不可擊打用

圖　227　　　　圖　228

力。

用途：一般用於防守對手俯身摟抱腿部的動作。如防守抱單、雙腿等。

(2)防抱腿摔：當對手抱住你右（左）腿時（圖229），你迅速屈膝向前蹬踏，同時兩手推扶對手雙肩，使對手不能進身做摔法動作（圖230）。

要點：腳一定要抵住對手身體，並向前下方猛力蹬踏。

用途：一般用於直線型腿法被對手抱住時，防止對手施用摔法。

(3)防過背摔：當對手用夾頸動作欲過背摔你時（圖231），你迅速蹲沉重心，同時右手撐頂對手右膝窩，左手往後

圖 229　　　　　圖 230

圖 231　　　　　圖 232

下拉，破壞對手的摔法（圖232）。

　　要點：左手的撐頂（即推阻）非常重要，位置一定要準確。左手用力的同時，右手迅速回拉。

　　用途：一般用於防守對手的抱頭、夾頸、插肩、拉臂、抱腰等過背摔。

2.擊打法：

　　⑴防抱腿：當對手身體前俯欲抱腿時（圖233），你迅速降低重心，身體前傾，兩手向前下按扶對手兩肩，隨即前腿屈膝上撞，破壞對手的抱腿動作（圖234）。

　　要點：兩手按扶防止被摔，屈膝撞擊以攻為守。

　　用途：一般用於防範對手俯身抱單、雙腿動作。

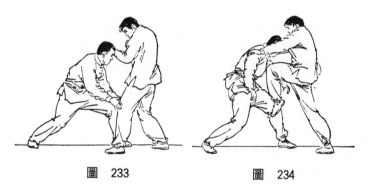

圖　233　　　　　圖　234

　　⑵防抱腿摔：（以右腿為例）當對手抱住你右腿，欲用右手抹擊頸部、右腳勾踢摔你時（圖235），你左手迅速向前推阻對手右肩，右拳重擊對手面部或頸部，破壞對手摔法動作（圖236）。

　　要點：左手推阻防止被摔，右拳重擊以攻為守。

　　用途：一般用於防範橫向型腿法被對手抱住時，防止對手施用摔法。

圖 235　　　　圖 236

(五) 防守技術的練習方法

防守技術的總體要求是，對對手的進攻時間、運行路線、攻擊方法和部位等判斷要準確，反應要敏捷。但通過肢體的攔截達到防守目的的接觸防守，與通過自己身體姿勢的變化、位置的移動達到防守目的的閃躲防守，其技術要求有所區別。

接觸防守的要求是：①防守面大。防守動作要立足於防護一片，不能只防一個點，儘可能保證防守的成功率。②動作幅度小。防守動作的幅度應以恰好防護自己身體為度，幅度過大會暴露更多的空檔，而且也不利於及時地反擊。③還原轉換快。防守後要迅速還原成實戰姿勢，或迅速轉入再次防守，或迅速轉為進攻。

閃躲防守的要求是：①時機恰當。閃躲過早，對手會變更攻擊，晚了則易被擊中。②位移準確。閃躲對手的進攻時，身體姿勢的改變和距離的移動都要有極高的準確性，閃躲幅度過大或距離過長，會成為單純的閃躲，不利於反擊。③整體協調。不論是左閃右閃，還是後閃，都必須注意整體協

同運動，一致改變，不可躲頭留尾。

　　練習防守技術，你可採用下列方法：

　　1.個人練習：根據動作圖解和文字說明學會動作後，先採用一般速度的比劃練習，體會和揣摩肢體動作的運行路線、接觸力點和身體的位移變化。你若有條件，可面對鏡子或與同伴協作，邊做邊檢查，從而正確地掌握動作。

　　2.假設性練習：你可假設想像對手的各種進攻動作，並根據這些動作，練習相應的防守動作。如此反覆強化練習，可幫助你熟練地掌握動作，並建立正確的動力定型。

　　3.攻防練習：開始先進行不接觸的攻防練習。即同伴與你相隔一定的距離，做各種進攻動作，你則根據同伴的動作做相應的防守動作。這種方法，可提高你的反應能力。然後，可做接觸的攻防練習。同伴運用各種技法直接擊打你，你則做相應的防守動作。這種練習，可體味動作的應用效能，提高防守技法的應用實效性。

　　4.防守反擊練習：專門性的防守技法練習，在初級階段是非常必要的，但到了基本掌握動作以後，你必須儘量把防守與反擊結合起來，以避免形成單純的消極防守和被動打法。你可與同伴相互配合練習，同伴每做一種進攻動作，你都在相應的防守後反擊同伴的空檔。這樣，可養成積極防守的良好習慣。

　　5.實戰磨練：你可與同伴進行實戰練習。在實戰中，要偏重於防守和防守後的反擊，以便磨練和提高你的防守技巧和能力。

五、防守反擊技術

　　防守反擊是指在防守對手進攻的同時，或防守對手進攻後的瞬間，運用各種踢、打、摔、拿技術以及它們的組合技術進行反擊的過程。防守反擊技術實際上就是防守技術與進攻技術的有機組合。反擊的形式有兩種：一種是截擊，即在對手的進攻動作將要發出之前，根據對手的動作預兆搶先迅速地擊打對手，後人先至。這種反擊形式使防守和反擊同時完成，一石兩鳥。另一種是還擊，即在防守對手進攻之後，迅速攻擊對手。

㈠ 防守反擊技法

　　防守反擊技術在實戰中千變萬化，內容極其豐富。這裡根據實戰的普遍規律，針對主要的進攻技法，選編一些基本的實用性較強的反擊方法供你學練。

1.防左直拳反擊

　　動作①：從右實戰勢開始（下同），當對手以左直拳擊你頭部時，你迅速將右手張開護於頭部前方擋住來拳（圖237），同時身體向右擰轉，並以左直拳擊對手頭部（圖238）；隨即起左腿側踹攻擊對手腹部（圖239）。

　　要求：手擋防守要與左直拳反擊同時完成，左踹腿要狠準。

　　動作②：當對手以左直拳擊你頭部時，你迅速用右手向裡拍擋對手的左腕部（圖240）；動作不停，迅速向右前屈膝沉身，並以左直拳擊對手腹部（圖241）；隨即起身左轉以右平勾拳攻擊對手頭部左側（圖242）。

圖　237

圖　238

圖　239

圖　240

圖　241

圖　242

　　要求：拍擋防守與左直拳反擊幾乎同時完成，右平勾拳
要重擊。

　　動作③：當對手以左直拳攻你頭部時，你迅速做右閃步
並以右直拳擊對手頭部左側（圖243）；隨即身體右轉，以
左勾拳由下往斜上攻擊對手腹部（圖244）。

　　要求：右閃步要快速敏捷，同時完成右直拳迎擊，左勾
拳要重擊。

圖　243

圖　244

2.防右直拳反擊：

　　動作①：當對手以右直拳攻你頭部時，你迅速將左肩上
提並內扣阻擋來拳（圖245）；隨即身體向左擰以右直拳攻
擊對手頭部（圖246）；再以右側彈腿擊對手肋部（圖247）。

　　要求：肩阻時肌肉要繃緊，下頦內收，目視對手。直拳
反擊要迅疾。

　　動作②：當對手以右直拳擊你腹部時，你迅速屈膝下降
重心，以左前臂內臂為力點向下砸擊對手之前臂（圖248）
；隨即身體向左擰轉以右擺拳擊對手頭部左側（圖249）；
接著身體向右擰轉以左勾拳擊對手下頦或腹部（圖250）。

　　要求：左臂下砸要準確到位，右擺左勾要連貫迅疾。

圖 245　　　　圖 246

圖 247　　　　圖 248

圖 249　　　　圖 250

動作③：當對手以右直拳擊你頭部時，你迅速屈膝下躲

，左腳向左前上步，同時用右肘橫擊對手腹部（圖251）；隨即起身右轉以左上平勾拳擊對手頭部右側（圖252）；接著身體向左摔轉，以右勾拳擊對手腹部（圖253）。

　　要求：向下躱閃時上體要弧形向下向前運動，右擊肘、左平勾拳、右勾拳要一氣呵成。

圖　251　　　　　　　　　圖　252

圖　253

　　動作④：當對手以右直拳擊你頭部時，你迅速做左閃步並以左直拳擊對手頭部右側（圖254）；隨即屈膝沉身以右直拳擊對手腹部（圖255）；接著抬右腳蹬擊對手腹部（圖256）。

要求：左閃步要快速敏捷，同時完成左直拳迎擊，右直拳、蹬腿要有力。

圖　254　　　　　　　　　圖　255

圖　256　　　　　　　　　圖　257

3.防左擺拳反擊：

動作①：當對手以左擺拳攻擊你頭部右側時，你迅速用右前臂外格擋住來拳（圖257），隨即以左直拳擊對手頭部（圖258）；接著迅速屈膝潛身，雙手由外向內抱住對手兩腿，同時左肩向前撞頂將對手摔倒（圖259）。

要求：右外格與左直拳幾乎同時完成，抱摔要突然迅速。

動作②：當對手以左擺拳擊你頭部右側時，你迅速沉身

圖 258　　　　　　　圖 259

下躲，同時以左直拳擊對手腹部（圖260），隨即起身左轉以右平勾拳擊對手頭部左側（圖261）。

　　要求：向右前躲閃時上體要弧形運動，繞過對手左臂；下躲同時完成左直拳迎擊。

圖 260　　　　　　　圖 261

　　動作③：當對手以左擺拳攻你頭部右側時，你迅速用右手刁抓對手左腕（圖262）；隨即左腳前滑並屈蹲，同時左手臂插入對手兩腿之間（圖263）；動作不停，左手用力上挑，右手回拽下拉將對手扛於左肩（圖264）。

　　要求：右手刁抓一定要穩準，左臂上挑右手拽拉要協同

用力。

圖 262　　　　　　　圖 263

圖 264　　　　　　　圖 265

4.防右擺拳反擊：

動作①：當對手以右擺拳擊你頭部左側時，你迅速用左前臂外格擋住來拳（圖265）；動作不停，左臂由屈到伸迅速沿著對手右臂向前滑打頭部右側（圖266）；隨即身體左轉以右直拳擊對手腹部（圖267）。

要求：左臂外格與左拳滑打要連貫快速，右直拳要重擊。

動作②：當對手以右擺拳擊你頭部左側時，你迅速用左前臂外格擋住來拳（參見圖265）；隨即以右直拳擊對手頭部（圖268）；隨即抬右腳向前蹬擊對手腹部（圖269）。

圖　266　　　　　　　　　　圖　267

圖　268　　　　　　　　　　圖　269

　　要點：左外格與右直拳幾乎同時完成，右蹬腿要迅疾。

　　動作：③當對手以右擺拳擊你頭部左側時，你迅速用左手刁抓對手右腕（圖270）；隨即身體左轉以右掌刃砍擊對手左頸部（圖271）；緊接著以右腳勾踢對手左踝部，將對手摔倒（圖272）。

　　要求：左手刁抓要穩準，右勾踢時右手要協同向對手左下用力。

　　5.防左勾拳反擊：當對手以左勾拳擊你腹部時，你迅速以左掩肘防守來拳（圖273）；隨即身體向右擰轉以左斜勾拳擊對手頭部右側（圖274）。

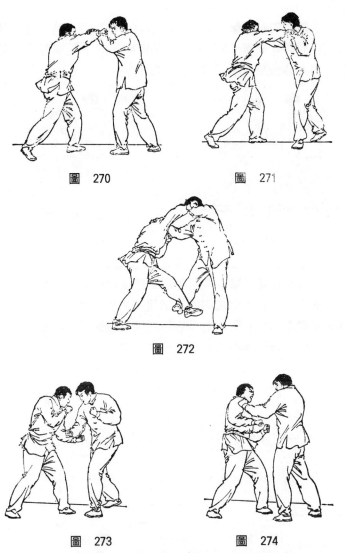

圖 270　　　　　　　圖 271

圖 272

圖 273　　　　　　　圖 274

要求：右掩肘時上體要稍向左轉，左斜勾拳要以腰發力

重擊。

6.**防右勾拳反擊**：當對手以右勾拳擊你腹部時，你迅速以左掩肘防守來拳（圖275）；隨即兩手向下扒按對手後頸部，用右膝撞擊對手腹部（圖276）。

圖　275　　　　　　　圖　276

要求：雙手扒按與右撞膝要協同用力。

7.**防左蹬腿反擊**：當對手以左蹬腿攻你腹部時，你左手由下向上抄、右手由後向前推迅速將來腳抱住（圖277）；隨即身體左轉抬右腳向對手右膝關節內側踹擊（圖278）。

要求：合抱要準確穩固，側踹要迅疾有力。

圖　277　　　　　　　圖　278

8.**防左側踹腿反擊**：當對手以左側踹腿攻擊你腹部時，

你迅速做後滑步避閃（圖 279）；隨即右腳向前墊步，同時
左腳迅速側踹對手腹部（圖 280）；緊接著左腳回落於右腳
外側並內扣，身體向右後轉，同時右腿向後掄，掃擊對手頭
部（圖 281）。

圖　279

圖　280　　　　　圖　281

要求：後閃要迅疾，側踹腿和後高掄掃腿要有力。

　　9.**防左側彈腿反擊**：當對手以左側彈腿攻擊你身體右側
時，你迅速以右前臂外格擋住來腿（圖 282）；隨即右左手
上下合抱住對手左腿（圖 283）；緊接著左腳插至對手右腳
後方，同時身體向右後轉，雙手抱腿後帶，將對手絆倒（圖

284 ）。

要求：右手外格後，順勢迅速完成雙手合抱動作；絆摔時，左腳要別牢對手右腳。

圖　282

圖　283　　　　　　圖　284

10.**防右前彈腿反擊**：掌對手以右前彈腿攻擊你襠部時，你左臂迅速掩肘下砸對手腳背（圖285）；隨即向前滑步，以右直拳擊對手頭部（圖286）；接著身體右轉以左擺拳擊對手頭部（圖287）。

要求：左掩肘下砸要準確有力，右直拳、左擺拳要連擊。

11.**防右側踹腿反擊**：當對手以右側踹攻擊你頭部時，你迅速屈膝下躲避閃，同時向前滑步（圖288）；動作不停，兩手迅速摟抱對手左腿回拉，同時左肩用力向前撞頂，將

圖 285

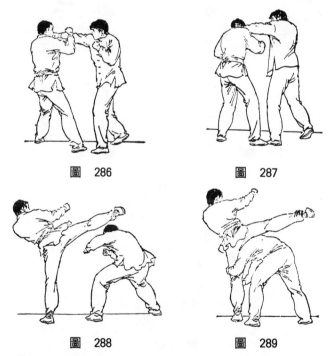

圖 286　　　　　　　　圖 287

圖 288　　　　　　　　圖 289

對手掀翻（圖 289）。

　　要求：下躱避閃要迅速敏捷。摟腿、頂肩要協同用力，

同時完成。

　　12.**防右側彈腿反擊：**當對手以右側彈腿攻擊你左側肋
部時，你迅速以左前臂下截防守來腿（圖290）；隨即身體
向左轉，左前臂迅速外旋上抄對手右腿，右手扒壓對手右頸
部（圖291）；動作不停，右腳勾踢對手左踝關節，同時身
體右轉，左手向上掀抬對手右腿，右手向下扒按對手頸部，
將對手摔倒（圖292）。

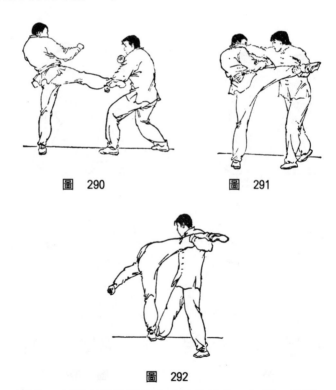

圖　290　　　　　　　　　　圖　291

圖　292

　　要求：左臂下截後迅速完成抄抱動作，勾踢、掀腿、下
按要協同用力。

(二) 防守反擊技術的練習方法

防守反擊技術是由防守和進攻技術組合而成的，其總體要求可參見防守和進攻技術的要求。

防守反擊技術的練習，你可採用下列方法：

1.假設性練習：想像對手運用某種技法進攻，你則根據所掌握的防守及反擊技術，選編一組或幾組反覆進行強化練習。如此，不但可使技術得到鞏固、熟練，而且還可逐漸提高反應能力。

2.不接觸的配合練習：同伴與你相隔一定的距離，做各種進攻動作，開始只做單招進攻動作，逐漸過渡到連招進擊，你則做相應的防守反擊。這種方法，可提高你的反應速度和應激能力。

3.打靶練習：請同伴穿戴護具以及手靶、腳靶等補助器材幫助餵練。同伴先做主動進攻動作，你則做相應的防守反擊，動作的力度和速度完全放開，直接擊踢同伴身上的護具和肢體上的靶子。這種練習方法，可提高防守反擊的質量和效果，形成良好的條件反射。

4.條件實戰：同伴運用單招或連招技法先主動進攻，你則只能在同伴進攻以後才能做防守反擊動作。這種方法，可側重鍛鍊和提高你的防守反擊技術，尤其是反攻能力。

5.實戰磨練：你可與同伴進行實戰練習。實戰時，你要偏重於防守反擊，儘可能多地誘惑同伴向你進攻，你則抓住時機進行反擊，從中磨練和提高防守反擊技巧和能力。

六、擒拿技術

擒拿法，就是在與對手短兵相接的搏鬥中，運用切、點

、鎖、扣、壓、擰轉等手法，攻擊對手的關節、筋脈、穴道和要害部位，使對手肢體局部產生劇痛而束手就擒的一種技術方法。

擒拿大體可分為三大技法：

①拿骨術——它所採用的技術動作，往往利用力學中的槓桿原理，迫使對手違反人體關節的生理特點，超出關節活動範圍而就擒。如撅指、纒腕、壓肘等等。輕拿可造成對手劇痛，重拿可使對手關節脫臼、骨骼斷折。

②分筋法——它是利用五個手指的抓勁，將對手身體某部肌肉或筋脈抓拿起來，使其產生疼痛或失去反抗能力的一種技法。如抓胸鎖乳突肌肉和頸總動脈，能使對手大腦供血不足，頭暈目眩。又如抓襠部，能使對手休克。

③點穴法——它是以中醫的經絡、穴道學說為基礎，運用點、按等手法攻擊對手的穴位，迫使對手因局部麻木、疼痛而就範的一種技法。如點按合谷、曲池兩個穴位，能使對手手臂麻木而又疼痛，不能舉動。

目前，在散手比賽中不允許使用擒拿，但它卻是自衛防身、捕俘擒敵的一種妙技。

民間有「三十六拿法，三十六解法」之說，實際上，流傳在世的擒拿法不可勝數。這裡僅著重介紹一些常用的擒拿與反擒拿技法，供你學練。

(一) 主動擒拿

主動擒拿，就是運用各種擒拿方法，利用一切可乘之機，主動向對手身體某一部位發起進攻，並將對手擒獲。

1. 撅拇指：當你與對手握手時（圖 293），伺機迅速抓握對手的右手大拇指，同時，以手掌的小指側扣壓住對手拇

指的根部（圖294）；隨即虎口迅速前頂、掌刃下切、手臂回帶，迫使對手折指被擒（圖295）。

要求：要牢牢抓緊對手拇指，不使其逃脫。掌刃下切和手臂回帶要堅決，用爆發合力猛折。

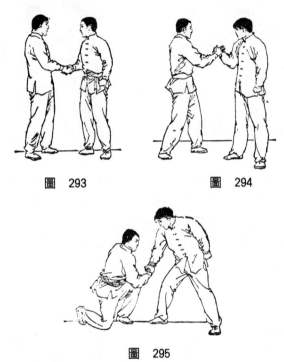

圖 293

圖 294

圖 295

2.托肘疊腕：當你與對手握手時（參見圖293），伺機迅速上左步右轉身，同時右手一邊回帶一邊滑抓對手的右手四指（拇指除外）並將其掌心翻向上，向下折其腕，左手隨右轉身由下向上猛托其右肘，兩手合力使對手就擒（圖296）。此時，若對手沉肘拉腕反抗，則順勢將其右手指向上、向前弧形折疊其腕，左手由下向上助力，徹底擒拿對手（圖

297）。

要求：右手要一邊回帶一邊折腕，與左手上托同時完成
此動作。

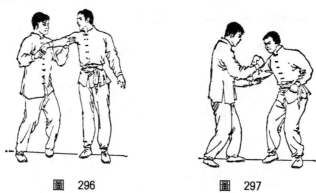

圖　296　　　　　　圖　297

3.**拏腕**：伺機主動用右手抓握對手的左手（拇指點按其
手背第4、第5掌骨間隙中下段，其餘四指扣握其手心和掌
根處。圖298）；隨即右手迅速提腕，左手同時握對手左腕
助力，使其手向上、向右卷腕，迫其就擒（圖299）。

要求：右手抓腕要準確得法。右手提腕和左手助力卷腕
快速完成。

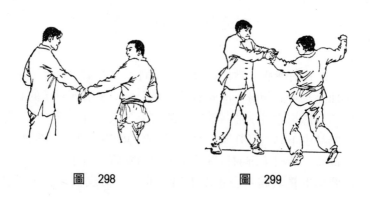

圖　298　　　　　　圖　299

4.**扛肘**：伺機用兩手抓握對手的右手腕部（圖 300 ）；隨即右腳向右後移步，身體向右、向後轉，兩腿微下蹲，同時兩手將對手的右手心擰向上並將其手臂扛於左肩上；隨後蹬地站起，肩部上頂對手肘關節，兩手下拉其手腕，將對手擒制（圖 301 ）。

要求：抓握對手手腕後，要疾速調步轉身將其肘部扛在肩上。上頂、下拉要堅決。

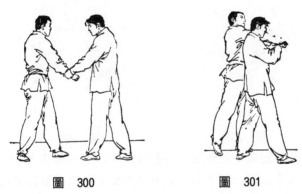

圖 300　　　　　　圖 301

5.**別翅（ 肘 ）**：伺機用右手抓握對手的左手腕（圖 302 ）；隨即迅速回帶、再突然前推使對手屈肘，同時左手從對手

圖 302

肘下穿過扒抓其左手腕（圖303）。動作不停，兩手用力按
拉對手手腕、左上臂拱抬其肘部，將對手肘關節別至死角
（圖304）。

　　要求：右手回帶對手手臂要猛烈，造成其抗力後縮，隨
後順勢前推可使其屈肘，左手即得以乘機下手。

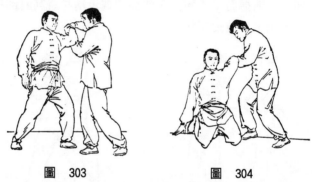

圖 303　　　　　　　　　　圖 304

　　6.挑肘別臂：伺機用左手抓握對手的右手腕（圖305）
；隨即左手上提，同時右手前臂猛力從下向上挑擊對手右肘
窩處（圖306）。動作不停，右、左腳各上一步，調身右轉
繞至對手右後方，同時，右手扒住對手右肩，左手向前壓推

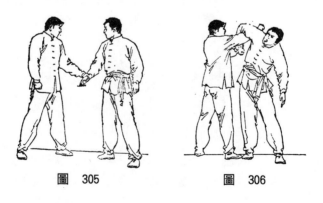

圖 305　　　　　　　　　　圖 306

其右手腕，將對手擒獲（圖307）。

　　要求：挑肘要堅決猛烈，別臂、推腕要借助調步轉體的
勢能。

圖　307

　　7.**拉肘別臂**：當你由前接近對手右側時，突然將左前臂
從對手右手臂內側穿過，同時一邊向右轉體，一邊用右手，
由上向下抓住對手的右肘部，往回迅速拉拽（圖308）。動
作不停，左手扒住對手右肩下壓、上臂上頂其手臂，同時身
體向右後轉並將對手摔倒擒制（圖309）。

　　要求：左手穿插要像「鑽子」一樣直取對手右肩。左上
臂要上抬，使其手臂不能脫逃。

圖　308　　　　　　　　圖　309

　　8.**拉肘攜腕**：你從後方接近對手身體右側時，左手迅速

抓握其右手腕，右手拍壓其肘關節（圖310）；隨即你左手拇指卡定對手腕關節，其餘四指扣壓其手背，並向上抬送其右前臂，右手向下拉卡其肘關節（圖311）；隨後，用雙手將對手的右手夾制在左腋下以擒之。

　　要求：右手抓握要迅速準確，拇指與其餘四指的合力要有爆發性。

圖 310　　　　　　　　　圖 311

　　9.疊腕牽羊：當你從側面接近對手身體右側時，迅速用左手抓握對手的右手（拇指點按其手背第4、第5掌骨間隙中、下段，其餘四指扣握其手心和掌根處），隨即上抬並疊其腕向外擰轉，同時右手同樣抓握對手右手背及手腕，兩手拇指向前點按，迫使對手下蹲（圖312、313）。動作不停，隨即右腿後撤，上體右轉，兩手同時折疊其腕、下壓後拉，將對手拉倒擒獲（圖314）。

　　要求：利用往回撤步的力量和用拇指按壓，其餘四指內扣之勁，迫使對手屈腕。每個環節緊緊相扣，缺一不可。

　　10.抱膝夾肘：你從後方接近對手時，迅速下蹲，前俯，用兩手摟抱其膝關節，並向後抱拉，同時用肩向前撞頂其臀部（圖315），兩手合力將對手摔趴在地；隨即迅速上步

圖　312　　　　　　　　圖　313

圖　314

圖　315　　　　　　　　圖　316

坐砸其腰，幾乎同時，右手抓住對手頭髮向後拉拽，左手抓
其左手腕，並向大腿根處拉折、擰轉（圖316）；隨後，左

膝上抬，並向內側夾壓其肘關節，利用腰部支頂和大腿夾壓之力，將其擒固（圖317）；然後換手抓髮，同樣控制其右手關節。

要求：拉膝、頂臀要堅決，騎壓要迅速，拽髮、夾肘要狠。

圖　317

11.掏襠夾肘：你從後方接近對手時，左腳在前，左手由後插入其襠，隨即猛力後拉上提，同時右腳迅速上步，右手以掌刃（手掌小指側緣）猛砍其脖，兩手合力將其摔倒（圖318）；然後迅速上步坐騎、抓髮、夾肘（參見圖316、317）以擒之。

圖　318

要求：掏襠手勁要狠；後拉上提、砍脖、抓髮、夾肘要連貫協調，一氣呵成。

12.鎖喉夾肘：你從後方接近對手時，用右腳猛踹其膝窩（圖319），乘其後仰之際，將右前臂插入其頷下，必撓骨側緊鎖其喉，左手抓己右手腕並助力，兩手合力向後拉拽，同時右腳著地，右肩向前頂送其頭，用合力鎖牢其喉（圖320）；隨後，向左後轉身將對手按倒，隨即騎坐其腰，拽

髮、夾肘（參見圖316、317）。

　　要求：踹腿要準狠，鎖喉要迅速、堅決。整個動作要一氣呵成，不得鬆懈。

圖　319

圖　320

㈡　被動擒拿

　　被動擒拿，就是受到對手攻擊時，被動地運用各種擒拿方法，化解對手的攻擊，並將其擒獲。

　　1.**手被抓**：當對手用右手抓握你右手腕時，你迅速用左手緊扣其手背，將其手固制在你右手腕上（圖321）；隨即

圖　321

圖　322

右手邊回帶邊上挑，四指（拇指除外）外旋緊扣對手右前臂，用右掌刃猛力向下旋切其右手腕（纏腕動作），同時右腿後撤向右後轉身以助力，將對手手腕擒制（圖322）。

要求：左手要扣緊對手手背，不要使其逃脫。整個動作過程要流暢完成，沒有停頓。

2.頭髮被抓（由前）：當對手由前用右手抓拉你頭髮時，你迅速用左手按壓其手背，將其手固定於頭上（圖323）；隨即用右手迅速按制其手腕，緊接著用左手掌刃猛力頂壓其右手腕外側，同時後撤右腿向右後轉體以助兩手之力，使對手手腕受制就擒（圖324）。

要求：兩手一定要將對手手腕固制在頭上，掌刃頂壓和轉身要同時爆發用力。

圖　323　　　　　　圖　324

3.頭髮被抓（由後）：當對手由後方用右手抓你頭髮時（圖325），你迅速邊向右後轉身邊用兩手將其右手抓握並固定在頭上（圖326）；隨即將頭稍下沉，同時兩手將對手的手腕外翻至手心朝上，隨之迅速抬頭，兩手猛力向上折其腕，迫使對手因腕部被制而就擒（圖327）。

要求：轉身要敏捷，翻腕時兩手和頭部動作要協調，折腕要狠。

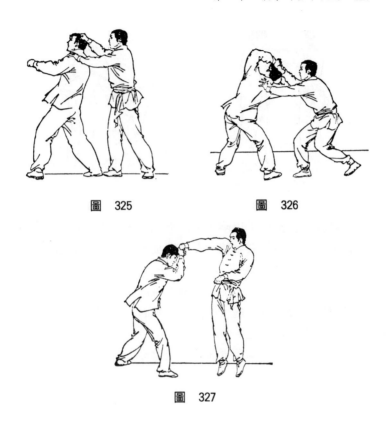

圖 325　　　　　圖 326

圖 327

4.喉被卡：

　　動作①：當對手由前方用兩手卡你喉部時，你迅速將右手從其左臂下穿過扣抓其右手（除拇指外，其餘四指扣抓其小指側緣，掌根緊抵其手背，圖328）；隨即後撤右腿，向右側轉體，右手奮力翻扳其右手背，同時左手弧形按壓其右肩關節以助力，迫使對手就擒（圖329）。

　　要求：右手扳手背要迅猛，撤步轉體和左手助力要及時，整個動作要一氣呵成。

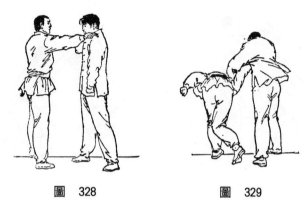

圖 328　　　　　圖 329

動作②：當對手用兩手卡你喉部時，你右手迅速從對手左臂上穿過抓握其右手腕，左手則從對手右臂下穿過抓握其左手腕（圖 330）；隨即迅速向右擰轉身體，同時右手猛力上提，左手狠勁下拉，使對手兩臂絞成十字形（圖 331）；隨後將對手左手腕上提，並推送至其右肩背部，右手則猛力後扳其右手，以擒之。

要求：轉體和兩手提、拉要用爆發力，瞬間同時完成整個動作要連貫流暢。

圖 330　　　　　圖 331

5.肩部被抓：當對手從前面用右手抓你左肩時（圖 332）

，你迅速用右手抓按在肩上（拇指除外，其餘四指緊扣其小指側緣，掌根緊抵其腕背），同時左臂繞舉對手右臂外側（圖333），隨即以右手用力將其腕向右下方扳擰，與此同時一邊向右轉身一邊用左前臂內臂部位猛烈下砸其右肘（圖334），迫其就擒。

　　要求：抓握要迅速準確，扳腕要猛烈，下砸要準狠。

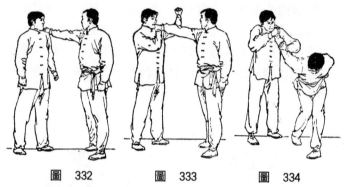

圖　332　　　　　圖　333　　　　　圖　334

6.胸襟被抓：

　　動作①：當對手從前用右手抓你胸襟時，你迅速用右手將其後手腕扣按在胸部（除拇指外，其餘四指緊扣小指外緣

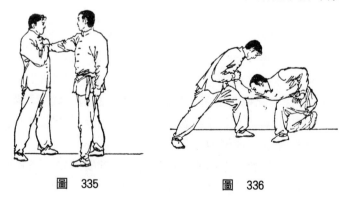

圖　335　　　　　圖　336

，掌根緊抵其腕背），左手扶握在右手上（圖335）；隨即右腿迅速後撤，兩手掌刃猛力向下挫壓對手腕背，胸部同時下壓以助力，迫使對手就擒（圖336）。

要求：扣按要準確迅速，壓胸和挫腕要形成一個強大的合力。整個動作要一氣呵成。

動作②：動作過程與「肩部被抓」類似，要求亦同。

7.**腰被抱（由前）**：當對手從前摟抱住你腰，並向前拱頂時，你迅速用左手托住對手下頦或掐壓兩腮薄弱處，右手繞至對手後方扒扣其後腦（圖337）；隨即兩手同時向順時針方向猛力扭轉其頭，身體右轉以助力（圖338），將其搡倒在地。

要求：兩手要同時迅速出擊，扭頭時腰身要有爆發之力。

　　圖　337

　　圖　338

8.**腰被抱（由後）**：當對手從後方摟住你腰部時（圖339），你臀部稍向後頂，並迅速俯身抄起對手前腳（圖340）；隨即兩手猛力上提其腳，臀部急劇下挫其膝關節，迫使對手膝關節受損或倒地。

要求：抄腿、上提要連貫迅速，下挫要凶狠。整個動作一氣呵成。

圖　339　　　　　　　　　　圖　340

　　9.**雙臂被抱（由後）**：當對手從背後緊緊抱住你上體和上臂時（圖341），你先將雙臂儘可能前伸（圖342）；隨即右手向後掏抓對手襠部，同時右腳後撤至對手兩腿之間，左手抓握其右手腕部（圖343）；當對手後縮護襠時，你右膝順勢跪地，迅速用右手抓握對手右腿向前頂起，同時左手猛力將其右手向左前下方拉拽（圖344），將對手拉掀在地；隨即左手垂直向上拉拽其右臂並支壓在你左膝上，同時右手狠掐對手肱二頭肌的神經叢及穴位，迫使對手就擒（圖345）。

　　要求：掏襠要狠準，拽手、掀腿要凶猛，掐穴位要入木

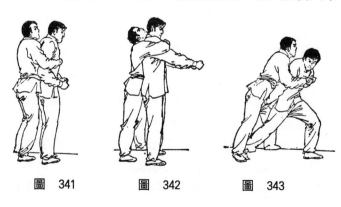

圖　341　　　　　圖　342　　　　　圖　343

三分。

圖　344　　　　　　　　　　圖　345

10.襠被抓（由前）：當對手由前用右手向你襠部抓來時，你迅速用右手虎口朝前抓握其手腕（圖346），將其右手按壓在你小腹上，並拉直其手臂；隨即左臂由下向上猛撞其右肘，使其反肘受折（圖347）。

圖　346　　　　　　　　　　圖　347

　　要求：抓握要迅速敏捷，撞肘要猛烈。抓腕、按腕、撞肘要瞬間完成。

11.腿被抱（由前）：當對手由前抱住你右腿欲將你摔倒時（圖348），你迅速用右手扒住對手下頦，左手則扒其後腦（圖349），隨即身體右轉，兩手猛力向右後猛轉其頭

，迫其至損就擒（圖 350）。

要求：扒頸要準確，扭頭要堅決。

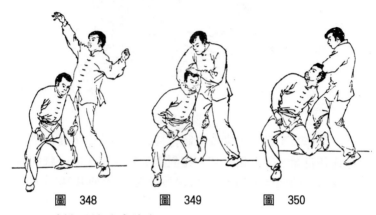

| 圖　348 | 圖　349 | 圖　350 |

12.被摔趴地（由後）：

動作①：當對手由背後抱住你雙腿（圖 351），並將你摔趴在地，隨即上步擒你時，你就地迅速翻轉身體，同時用右腿封抵對手前腳，左腳則向斜上橫掃其腰、胯部，使對手倒地（圖 352）。若能擊中其襠部，則效果更佳。

要求：判斷要迅速、準確，橫掃腿要猛狠。

圖　351

圖　352

動作②：當對手從背後將你摔趴在地並上步擒你時，你迅速翻身體，隨即用一腳勾拉對手前腳腳跟，另一腳則猛力蹬挫對手前腿膝關節（圖353），兩腳合力使其膝關節受損

圖　353

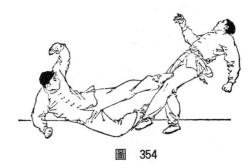

圖　354

倒地（圖 354 ）。

　　要求：翻身要迅速，勾腳要隱蔽，挫腰要準狠。

㈢ 反擒拿

　　反擒拿，就是受到對手的攻擊和扼制，身處險境時，運用各種擒拿方法，破解對手的扼制，並反將對手擒獲。

　　1.破折拇指：當對手用右手向下折壓你右手拇指時，你先迅速用右手其餘四指緊握對手右腕部（圖 355 ）；隨即向前上步並向右轉體繞至對手右側，右手隨上步轉體將手心翻

圖　　355

圖　　356　　　　　圖　　357

向上並向後拉引，此時你右手拇指即可脫離對手的折壓（圖
356），隨後你用右手其餘四指猛力向內扳搏其右腕，使其
手心朝外，同時用左前臂向前猛力挫推對手右肘，使其被別
肘（或受損）而就擒（圖357）。

　　要求：抓握對手腕部是擺脫被擒的關鍵；必須迅速敏捷
；上步轉體、翻腕、扳腕、挫肘亦須一氣呵成。

　　2.破纏腕：當對手用纏腕動作擒你時（圖358），你迅
速上步，同時左手從對手臂下穿過，並扣握其左手，手指扣
抓其小指側緣（圖359），此時即可阻止對手的纏腕動作。
動作不停，隨即兩腳蹬地向上助力，同時左手猛力向下扳翻
對手左腕，右肘迅速向前頂壓，兩手合力將對手擒獲（圖
360）。

　　要求：左手要隨上步進身，迅速準確地完成扣握動作，
這一點致關重要。翻對手左腕肘，由於阻力較大，故要爆發
用力。

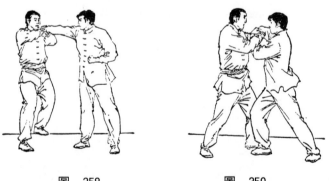

圖　358　　　　　　　　　圖　359

　　3.破別肘：當對手用別肘動作擒你時，你迅速向前下蹲
（圖361），隨即用左手猛力推開對手左肘關節解脫對你的
別肘（圖362），並順勢掐住其左上臂內側正中的神經叢及

 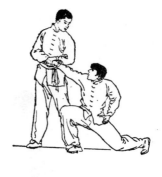

圖　360　　　　　　　圖　361

穴位；隨即右手就勢抓握對手右腕並向其左側肩背部拉拽，
將其右前臂推至左側肩臂處，並猛力向前下壓，左手則狠勁
掐其左上臂神經叢並將上臂向後扳擰，別制其左上臂（圖
363）使其就擒。

圖　362

　　4.破擰臂壓肘：當對手用擰臂壓肘的動作擒你時，你迅
速將右肩前傾下沉化解其壓力（圖364），同時迅速調步向
左後轉身，左手從對手左臂上方越過，向前下狠勁扼掐其喉
部，迫其屈服（圖365）。此動作亦可轉身摳其眼（圖366
）。

要求：整個動作要一氣呵成，不得停頓；掐喉、摳眼要準確有力。

圖　363

圖　364　　　圖　365　　　圖　366

5.破拉肘別臂：當對手左臂從你右腋下穿過欲扒右肩時（圖367），你迅速稍向右轉，右臂外旋並向右側前下伸沉，此時對手的別臂動作即失效。你右手並不停頓，迅速屈肘上抬將對手左肘關節由下向上別住，同時腰身稍向左轉以助臂力，合力將對手擒制（圖368）。

要求：右臂外旋下沉時，要有強大的滾鑽力度，上抬時，腰、上體、手臂要爆發用力。

圖　367　　　　　　圖　368

6.**破扭頭**：當對手用扭頭動作擒你時，你左手迅速緊抱對手，以防傾倒，同時用右手猛力向上推托對手左肘，扭頭即可化解（圖369）。動作不停，隨即左手迅速抓握對手左腕並回帶拉擰，疾退左步並向左轉身，同時右手猛力向下翻壓其左肘，用擰臂鎖肘動作將對手擒獲（圖370、371）。

圖　369　　　　　　圖　370

要求：左手貼身摟抱和右手托肘要同時進行。調步轉體、擰臂、壓肘亦要同時完成。

7.**破鎖喉**：當對手從背後鎖住你喉部時，你先將下巴轉向對手肘彎處，迅速用右手抓扣其肘部並向下拉，使對手無

圖　371

法對你喉部直接施力（圖372），同時用左手猛力抓掐對手
襠部（圖373），再乘其撤左手護襠之際，你迅速將其右手

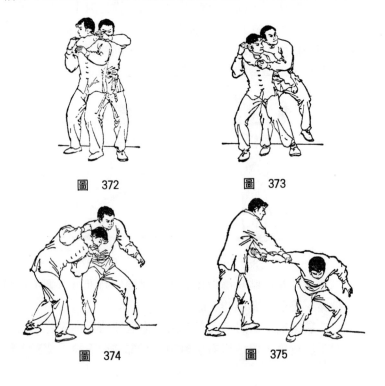

圖　372　　　　　　圖　373

圖　374　　　　　　圖　375

扭轉開來（圖374）；隨即迅速將頭撤出，右手邊向前推對手手臂，邊滑掐其上臂內側的神經叢（穴位），左手則配合擰其腕，以擒之（圖375）。

要求：轉下巴、右手扣拉肘刻不容緩，必須迅速完成。

8.破騎身掐喉：當對手騎在你身上兩手掐喉時，你迅速用兩手分別抓握其左右手施以抗力（圖376），同時兩腿分別沿對手體側猛蹬其下頜、頸部，將其向後蹬倒（圖377），接著迅速抬肘砸其襠部或狠掏其襠（圖378），迫其屈服。

要求：兩手抓握要迅速，兩腿蹬頜要狠準，掏襠要有狠勁。

圖 376

圖 377

圖 378

(四) 擒拿技術的練習方法

擒拿的總體要求是：①快速準確。既要迅速捉捕對手漏洞和弱點，又要選擇合理擒拿動作，並以迅雷不及掩耳之勢制服對手。②力法順達。要熟練地掌握動作及其用勁竅門，擒敵時要迅速流暢地完成動作，不能停頓。③以氣助力。擒拿動作要有一定的力量作後盾，這種力量光憑肌體是不夠的，它必須與內在的「意」各「氣」緊密相融，才能發揮強大威力。④隨機應變。擒拿術千變萬化，它的技術特點往往是拿中有解，解中有拿。因此，既要有機必進，又要善於隨時變化，最終將敵擒拿至「死手」（既把對手關節完全控制，不能動彈和解脫）。

擒拿技術的練習，你可採用下列方法：

1.慢速度練習： 根據動作圖解和文字說明學會動作後，先採用慢速度的「磨」練。重點體會動作的過程、勁路和所擒拿的人體部位。如此，可使你逐步掌握動作要領，正確掌握動作。

2.喂招練習： 請同伴給你創造各種擒拿機會，你則反覆體味動作要點，獲取實戰經驗。

3.重複練習： 拳諺講得好：「拳打千遍，身法自然。」不斷地反覆練習，可使你熟練地掌握動作，深諳用勁之道，進而熟中生巧。

4.實戰練習： 這是一種接近實戰的對抗性練習方法。又先採用條件實戰練習法，即你只用擒拿動作，同伴只做解脫防守。然後逐步過渡到無條件實戰，雙方可互擒互拿。通過實戰練習，可提高你的實際運用能力和技巧，並不斷豐富和積累擒拿、反擒拿的實戰經驗。

第四章　散手的基本戰術

　　散手實戰或比賽，不僅是搏鬥雙方技術水平的對疊，而且也是心理意志和智慧的較量。散手的戰術，就是合理組織和運用各種技術方法，充分發揮自己身體機能和技術特長，爭取實戰或比賽最終勝利的藝術。

　　戰術與技術是相輔相成的。技術是戰術基礎，只有熟練地掌握了各種技術技巧，才能靈活有效地組織和運用各種戰術，戰術是技術的靈魂，離開了各種戰術的合理組織和運用，任何高超的技術都將失去其應有的攻擊威力。戰術在實戰或比賽中作用重大，從一定意義上講，你若掌握了靈活巧妙的戰術，你也就把握了通向勝利之門的金鑰匙。

一、基本戰術方法

　　拳法如兵法，散手戰術的方法較為豐富，這裡僅向你簡介一些常見的戰術方法，以供參考。

㈠主動搶攻

　　主動搶攻，是指在對手注意力分散，沒有防備或動作有漏洞、有預兆的情況下，主動快速地使用各種技術動作突然打擊對手。這是一種「先發制人」的戰術方法，可以起到先聲奪人、壓制對手氣勢和意志、牽制對手行動、破壞對手戰術意圖和掌握戰鬥主動權的作用。

(二)佯攻巧打

佯攻巧打，是指隱瞞自己的真實意圖，利用各種假動作誘騙對手，轉移並分散對手的注意力，從而實現真實的進攻。這是一種「聲東擊西」的戰術方法。它的作用有二：其一，假動作致使對手產生無效反應，延長了反應時間，你即贏得了進攻時間；其二，假動作使對手的注意力集中到某一部位，往往導致肢體和重心的偏移，你即贏得了攻擊的空間。

(三)引蛇出洞

引蛇出洞，是指利用自己故意暴露的當檔和破綻為誘餌，誘騙對手出擊，自己則趁機伏擊對手，實現預定的攻擊。這是一種「誆騙誘敵」的戰術方法。它的作用有二：第一，誘使對手貿然出擊，暴露空檔，你即實現預定的防守反擊目的；第二，將對手誘入不利於發揮其長處的境地，你則以己優勢攻擊。

(四)以逸待勞

以逸待勞，是指採取準確而嚴密的積極保護與防守方法，防禦對手的進攻，一俟得機得勢，堅決還擊。這是一種「後發制人」的戰術方法。它的作用也有二：第一，致使對手重於進攻而疏於防守，漏洞百出；第二，消磨對手的氣勢和體力，最終導致「彼竭你盈」的姿勢。

二、對付不同對手的戰術

在散手實戰或比賽時，你會遇到形形色色的對手，他們的身材、身體素質、技術水平和技術特長都有不同。要戰勝

對手，你必須根據自己與對手的具體情況採用相應的戰術。當然，即使是對付同一類型的對手，運用的戰術也是隨戰況的發展而變化的。因此，戰術要隨機應變，不可死板套用。這裡僅就散手的一般戰術規律，向你介紹對付不同對手的戰術。

㈠對付高個子的對手

　　高個子的對手具有身高、臂長、腿長的特點，因此在遠距離上占有優勢。對付高個子對手的戰術策略是：儘量縮短距離，以搶身近戰為主，扼制對手在距離上的優勢；進攻以對手下盤為主要目標。

　　實戰或比賽時，你可縮身蓄勁，快速搶攻入懷，逼近對手，以短促有力的連續擊打動作和快摔技術猛烈攻擊。進攻時，要注意多做上下結合、「佯攻巧打」的動作，使對手顧上不顧下，注意力分散，這樣你就能較容易地近身攻擊。一旦發動攻擊，你必須果斷、堅決、迅速地出擊，不可拖泥帶水。

㈡對付矮個子的對手

　　與高個子對手相反，矮個子對手在遠距離上的進攻一般很難奏效。因此，對手總是想設法縮短距離，向前靠近，採用近距離的擊打或摔跌猛烈攻擊。對付矮個子對手，你應多採用連續的直拳、揮掌、蹬腿、踹腿等直線型手法和腿法，並使對手不能迫近。若對手在遠距離上發動進攻，你可以用拳、腿截擊，或在防守後反擊。

　　當對手向前移步靠近，前腿吃重時，你可以迅速搶攻，出其不意地突然襲擊。當對手已經衝近攻擊時，你應及時向

兩旁閃開，或向後移動步法，使對手不能接近你。

(三)對付長於主動連續攻擊的對手

這種類型的對手具有速度快、攻擊性強的特點，其目的是在氣勢上占據優勢，把握主動權。對付這種對手，你應採用「以逸待勞」的戰術。

當對手出招發動進攻時，你即發揮「手似兩扇門」的作用，用格、拍、擋、掛等防守技法防住對手的攻擊，並隨時伺機進行防守反擊或閃躲攻擊。搏鬥時，你必須沉住氣，反應要快，防守嚴謹，反擊及時。為了減少對手速度快的威脅，你要注意與對手保持一定的距離，同時要積極移動，變換位置，擾亂對手的注意力。

反擊時，要善於抓住對手「舊力已過，新力未發」的時機給予重擊。再有，要及時捕捉對手的動作預兆，迅速地予以有效的迎擊或截擊。此外，還可以採用各種防守及閃躲方法，使對手連續拳腳落空，以消耗其體力，而你則養精蓄銳，待「彼竭你盈」之時，給對手以狠狠打擊。對這種對手的主動出擊，應多以「佯攻巧取」戰術欺騙引誘為主，這樣既可以彌補你速度上的劣勢，又可順利實現真實的攻擊。

(四)對付長於防守和反擊的對手

這種類型的對手往往具有防守嚴謹、反擊重狠的特點。在搏鬥中，對手一般採用「以逸待勞」的戰術，或吃招還招、或迎擊、或打持久戰消耗你的體力。

對付這種對手，你可採用「佯攻巧打」、「引蛇出洞」和「強攻硬取」的戰術。進攻時，你可以積極利用假動作指上打下，指東打西，使對手真假難辨，首尾難顧，被動挨打

。你也可以故意露出破綻，引蛇出洞，引魚上鈎，待引出對手的防守反擊動作時，你迅速攻擊。

上述方法，要注意利用腳步的快速移動，在擊打以後馬上撤離，以防對手的反擊。此外，強攻硬取也是對付對手的有效手段。在你掌握對手所慣用的防守方法和反擊方法以後，要伺機有針對性地向對手發起強攻。

強攻時，要左右開弓，上下結合，遠則拳打腳踢，近則肘頂膝撞，貼身靠打快摔，連招進擊，環環緊扣，快密如雨，使對手防不勝防。難以招架。

(五)對付動作單調，慣用某一「絕招」的對手

這種對手雖然技術範圍不廣，但已形成鞏固的技能，而且是經過較長時間的練習，動作熟練，往往形成威力強大的「絕招」。雖然其動作單調，但遭其「絕招」的打擊，後果必定嚴重。

對付這樣的對手，你除了時刻注意防範外，可採用「引蛇出洞」的戰術。如，你可撇開雙手或故意送上對手習慣攻擊的部位作誘餌，同時精神集中，專注其變。當對手被誘出招時，你迅速驟變，立即採用相應的對策，用左右合擊或迎面截擊等技法伏擊對手，從而折其鋒芒，絕其威勢，取得搏擊的主動權。

(六)對付缺乏搏鬥經驗的對手

這種類型的對手往往只想進攻，很少顧及防守。其技術動作較為貧乏單一，運用假動作攻擊的能力也較差。在戰術上盲目性較大，手段簡單，行動意圖不隱蔽。但這種對手氣勢較盛，往往是「初生牛犢不怕虎」，敢打敢拼；有時，其

不成章法的亂拳也會令你防不勝防,「亂拳打死老師傅」的情況並不少見。

對付這種對手,你可採用以防守反擊為主的戰術。原則上,要與對手保持適當的距離,這樣既便於攻守,又避免與對手相互衝撞或亂拳纏鬥。進攻時,你可抓住對手經驗不足的弱點,主要以「佯攻巧打」的戰術向其發動攻勢,此外也可用截擊、閃躲進攻等各種手段進行打擊。

三、戰術的練習方法

進行戰術練習時,你要努力達到三個目標:第一、熟識和掌握各種戰術打法;第二,發揮自己的技術優勢,形成自己的戰術特點和擅長打法;第三,提高戰術的應變能力。

戰術的練習,你可採用下列方法:

(一) 假設性練習

你假定自己與對手處於搏鬥狀態,並設想對手各種不同的技術特點和戰術打法。然後,根據對手的情況,有針對性地採用各種戰術逐一進行破解練習。

如,假設對手「主動搶攻」,你即進行「閃躲進攻」;或先用「阻截還擊」,進而「強攻硬取」等戰術。這種想和練結合的方法,既可提高你的戰術意識,又可使你學會和正確掌握一些具體的戰術打法。

(二) 配合練習

請同伴選用各種打法,並給你遞招喂手,你則進行相應的戰術練習。如,同伴採用「主動搶攻」的戰術,直線進攻

遞招喂你，你則進行向左、右側閃躲反擊練習，或進行「招架還擊」練習。配合練習，可促使你熟練地掌握各種戰術打法，提高戰術的運用能力。

(三) 模擬練習

即請各種不同類型打法的同伴給你當陪練。如請慣用「連招快打」的同伴，或請善於「佯攻巧打」的同伴，或請擅長「靠打摔跌」的同伴來當陪練，你則採用相應的招術和打法進行戰術抗衡練習。這種模擬方法，可提高你的戰術運用和應變能力。

(四) 實戰磨練

你可與各種不同身高、不同功力、不同技術和戰術水平的同伴進行實戰練習。在真槍實彈的對抗練習中，培養和提高你的戰術運用能力，並檢驗運用戰術的效果，積累實戰經驗。

第五章　輔助練習

　　輔助練習是散手運動必不可少的基本內容，它對於學練散手技術動作，提高格鬥水平起著重要的輔助作用。散手的輔助練習主要包括抗打功力、打擊功力和專項素質三大章。

一、抗打功力練習

　　散手是對抗性、衝擊性很強的運動，在激烈的搏鬥中，打擊對手和被對手打擊往往同時存在。你自身若沒有一定的抗打能力，就難以承受對手的拳打腳踢，也就沒有了取勝對手的基本保證。抗打功力練習有許多方法和手段，通過練習可有效增強頭部、軀幹、四肢等部位的抗擊力。

㈠ 搓臉擊頭

　　練習方法：用雙方搓臉，揉鼻子、耳朵等，然後用拳在臉上滾動按摩，最後用拳從輕到重擊打自己臉部的各個部位（圖379）。

㈡ 拍、擊胸腹

　　練習方法：①與同伴相對，距1公尺左右站立，雙方同時上右步，身體左轉，用右手拍擊對方胸部（圖380）或腹部；然後收右

圖　379

步上左步，身體右轉，用左手拍擊對方胸部或腹部（圖381
）。

　　練習方法②：你開步屈膝半蹲，含胸收腹，兩臂側上舉
；讓同伴用拳從輕到重擊打你的胸腹部（圖382）。

　　用途：用以增強胸、腹部的抗打力。

圖　380

圖　381　　　　　　　　圖　382

（三） 排、踢肋部

　　練習方法①：你開步屈膝半蹲，含胸收腹，兩臂側上舉
；讓同伴用小臂從外向裡，由輕到重抽打你的肋部（圖383
）。

　　練習方法②：你的動作姿勢同上；同伴則用側彈腿由輕

到重踢你的肋部（圖 384 ）。

　　用途：用以增強軀幹兩側肋部的抗打能力。

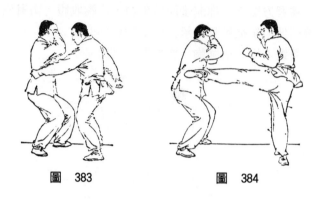

圖　383　　　　　　　圖　384

⑽　砸、踢背部

　　練習方法①：你開步半蹲，含胸收腹，弓背；同伴用前臂斜向劈砸你的背部（圖 385 ）。

　　練習方法②：動作姿勢同上；同伴則用側彈腿橫向踢擊你的背部（圖 386 ）。

　　用途：用以增強後背的抗打能力。

圖　385　　　　　　　圖　386

(五) 肩胯靠打

練習方法：與同伴相對，距一臂距離開步站立，雙方同時向左轉體，上右步左腳跟步滑進，用右肩相撞（圖 387）或右胯相撞；然後撤右步收左腳、身體右轉，再上左步右腳跟步滑進，用左肩相撞或左胯相撞（圖 388）。

用途：用以增強軀幹及胯部的頂撞能力。

圖 387　　　　　　　圖 388

(六) 靠臂

練習方法：與同伴相對，距一臂距離開步站立；隨即雙方同時向左轉體兩手握拳，右前臂內旋在腹前相靠（圖 389）；隨後弧形外旋上舉在面前相靠（圖 390）；再弧形下落在腹前相靠（圖 391）。然後雙方同時向右轉體用左前臂同樣做下、上、下靠臂。

用途：用以提高前臂的防守抗擊能力。

(七) 踢大腿

練習方法：你兩腳前後開立成弓步，前腿微屈支撐重心；同伴用側彈腿橫擊你的大腿側面（圖 392）。大腿內外側

均要練習。

　　用途：用以增強大腿兩側的抗打能力。

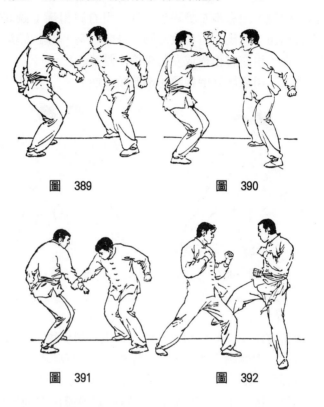

圖　389　　　　　　　　　圖　390

圖　391　　　　　　　　　圖　392

（八）　**木棒擊前臂和小腿**

　　練習方法：同一根小木棒，磕擊自己前臂的各個部位
（圖393）。同樣以小木棒磕擊小腿的脛骨部位（圖394
）。

　　用途：用以增強前臂和小腿的抗打能力。

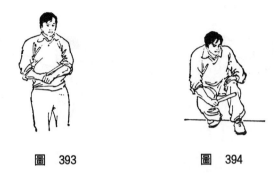

圖　393　　　　　　　　圖　394

二、打擊功力練習

要戰勝對手，除需要掌握高質量的技術動作外，還必須加強技術動作的打擊威力。散手的打擊功力練習，可有效地增強拳、掌、肘、膝、腿、腳等用以攻擊的部位的力度和硬度，從而為增強技術動作的使用效果打下良好的基礎。也就是說，通過打擊功力的練習，可使你的攻擊「武器」更具殺傷力。

㈠ 打踢沙袋

練習方法：將長形沙袋懸掛在一適宜的高度。用各種拳法（圖 395）、腿法（圖 396）、肘法（圖 397）、膝法（圖 398）擊打沙袋。剛開始先練單一技法，然後逐漸過渡到組合技法。力度由輕到重，循序漸進。

用途：用以提高拳、腿、膝、肘等部位的硬度和打擊力度。

圖 395　　　　　　　　圖 396

圖 397　　　　　　　　圖 398

㈡ 打靶

　　練習方法：同伴戴好手靶或腳靶（均可用拳套代替），給你喂靶。你用拳法（圖399）、腿法（圖400）、肘法（圖401）、膝法（圖402）擊打手、腳靶。練習可以打固定的「死靶」的形式進行；也可以打不固定「活靶」的形式進行。同伴把靶喂到哪兒，你就打哪兒。

　　用途：用以增強拳腳和肘膝的打擊功力。

圖　399　　　　　　　　　圖　400

圖　401　　　　　　　　　圖　402

(三)　踢靠木椿

　　練習方法：將一根木椿插入地下，地面章與你同高，外表包裹一層麻袋或布條，然後對木椿進行腳踢（圖403）、肩靠撞擊（圖404）練習。若無條件，木椿可用樹代替。

　　用途：用以提高腿腳的踢擊功力和肩臂的靠撞力。

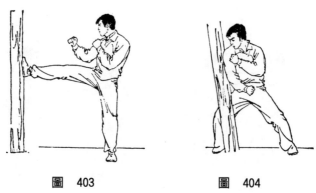

圖　403　　　　　　　　圖　404

㈣ 打千層紙

　　練習方法：將一定數量的草紙裝訂成冊，固定安置在牆上；然後反覆用拳擊打（圖405）。打爛後即換。

　　用途：用以增強拳的擊打功力。

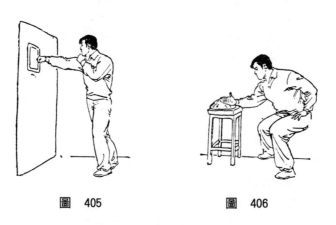

圖　405　　　　　　　　圖　406

㈤ 拍擊沙袋

　　練習方法：將裝滿鐵沙的方形帆布袋平置於適當高度的位置上。然後，反覆用掌心、掌背、掌刃（圖406）進行拍

、砍練習。

　　用途：用以提高手掌的硬度和功力。

三、專項素質練習

　　專項素質練習，主要是指對提高散手技術有明顯效果和作用的各種機能與體能的練習。通過練習，可使你的柔韌、力量、速度、靈敏等素質得到改善和提高，更可使你的技術動作、格鬥水平得到提高。

㈠ 柔韌素質練習

　　柔韌素質，是指人的各個關節的活動幅度，肌肉、韌帶的伸展能力和彈性。散手技術對柔韌素質的要求較高。通過各種柔韌練習，可為學習和掌握各種手法、腿法、摔法、拿法提供必要的專項素質。

　　1.壓肩：面對肋木（或一定高度的物體）站立，距離一大步，兩腳左右分開，與肩同寬或稍寬。

　　兩手抓握肋木，上體前俯（挺胸、塌腰、收髖）並做下振壓肩動作（圖 407）。利用肋木壓肩時，也可由同伴騎坐在你的背上，隨著你的下振動作，有節奏地給以助力。也可以兩人對面站立，互相扶按肩部，做體前屈的振動壓肩動作。

　　要點：兩臂、兩腿要伸直，重心要後移。振幅應逐步加大，壓點集中於肩部。增加助力時應由小到大。

　　2.單臂繞環：成左弓步站立，左手按於左膝上（也可兩腳左右開立，右手叉腰），右臂垂直上舉。右臂由上向後、向下、向前繞環，為向後繞環（圖 408）。右臂由上向前、向下、向後繞環，為向前繞環。練習時，左右臂交替進行。

做左臂繞環時，則右弓步站立。

　　要點：臂伸直，肩放鬆，劃立圓，逐漸加速。繞環的方向以動作開始的位置為準，如開始時臂向後運動即為向後繞環，開始時臂向前運動即為向前繞環。

圖　407　　　　　　　圖　408

　　3.交叉繞環：兩臂直臂上舉，左臂向前、向下、向後，右臂向後、向下、向前，同時於體側劃立圓繞環（圖409、410）。

　　要點：參閱「單臂繞環」的要點。

　　4.仆步掄拍：兩腳開立，略寬於肩，兩臂垂於體側。左腳向左邁出一步，上體隨之左轉，同時右臂向左前下方伸出，左掌手心向裡，掌指向下，插於右臂肘關節處（圖411）。上動不停，上體右轉成右弓步，同時右手直臂由左、向上、向右掄臂劃弧至右上方，左掌向下劃弧至左側方（圖412）。上動不停，上體右後轉，同時右手直臂向下、向後掄臂劃弧至左後下方，左手直臂向上、向前掄臂劃弧至右側上方（圖413）。上動不停，上體左轉成右仆步，同時右手向上、向右、向下掄臂劃弧至右腿內側拍地；左手向下、向左掄

臂劃弧停於左上方（圖414）。練習時，左右交替進行。

　　要點：向上掄臂時要貼近耳；向下掄臂時要貼近腿。右仆步掄拍時，眼隨右手；左仆步掄拍時，眼隨左手。

圖　409

圖　410

圖　411

圖　412

圖　413　　　　　　　圖　414

5.正壓腿：面對肋木或一定高度的物體，並步站立。左腿提起，腳跟放在肋木上，腳尖勾起，踝關節屈緊，兩手扶按膝上。兩腿伸直，立腰，收髖，上體前屈，並向前、向下做壓振動作（圖415）。練習時，左右腿交替進行。

要點：直體向前、向下壓振。逐漸加大振幅，逐步提高腿的柔韌性。

圖　415　　　　　　　圖　416

6.側壓腿：側對肋木或一定高度的物體，右腿支撐，腳尖稍外撇。左腿舉起，腳跟擱在肋木上，腳尖勾起，踝關節

緊屈。右臂屈肘上舉，左掌附於右胸前。兩腿伸直，立腰、開髖，上體向左側壓振（圖416）。練習時，左右腿交替進行。

　　要點：參閱「正壓腿」的要點。

　　7.**後壓腿**：背對肋木或一定高度的物體，並步站立，兩手叉腰或扶一定高度的物體。右腿支撐，左腿舉起，腳背擱在肋木上，腳面繃直，上體後屈並做壓振動作（圖417）。練習時，左右腿交替進行。

　　要點：兩腿挺膝，支撐腿全腳著地，腳趾抓地，挺胸、展髖、腰後屈。

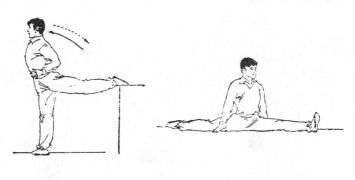

圖　417　　　　　　　　　圖　418

　　8.**豎叉**：兩手左右扶地或兩臂側平舉，兩腿前後分開成直線。左腿後側著地，腳尖勾起；右腿的內側或前側著地（圖418）。

　　要點：挺胸、立腰、沉髖、挺膝。

　　9.**橫叉**：兩手在體前扶地，兩腿左右分開成直線，腳內側著地（圖419）。

　　要點：參閱「豎叉」的要點。

圖　419

10.**前俯腰**：並步站立，兩手手指交叉，直臂上舉，手心朝上，上體前俯，兩手儘量貼地（圖 420）。然後兩手鬆開，抱住兩腳跟逐漸使胸部貼近腿部（圖 421），持續一定的時間再起立。還可以向左或向右側轉體，兩手在腳外側貼觸地面（圖 422）。

要點：兩腿挺膝伸直，挺胸、塌腰、收髖，並向前折體。

圖　420　　　　　圖　421　　　　　圖　422

11.**甩腰**：開步站立，兩臂上舉。然後以腰、髖關節為軸，上體做前後屈和甩腰動作，兩臂也跟著甩動，兩腿伸直（圖 423、424）。

要點：前後甩腰要快速，動作緊湊而有彈性。

12.**涮腰**：兩腳開立，略寬於肩，兩臂自然下垂。以髖關節為軸，上體前俯，兩臂隨之向左前下方伸出。然後向前

、向右、向後、向左翻轉繞環。

要點：儘量增大繞環幅度。

圖　423　　　　　　　圖　424

圖　425　　　　　　　圖　426

㈡ 其它素質練習

通過下文所介紹的帶有專項技術動作和持器械的速度、力量、耐力、靈敏等素質的練習，將有助於你發展和提高各種素質的水平，從而為格鬥水平的更快提高打下良好的基礎。

1.**持啞鈴衝拳**：左右手各持一只啞鈴，屈肘舉於胸前；

兩腿屈膝下蹲成馬步椿，然後向前做快速的左右衝拳動作
（圖427）。反覆進行。

　　用途：用以提高臂力、手的抓握力，衝拳的速度和力量
，以及腿部的力量。

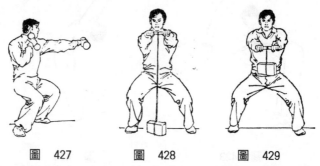

圖　427　　　　　圖　428　　　　　圖　429

　　2.**擰千斤棒**：置一根粗細適度的小木棒，然後在小木棒
的中部繫一根繩子，繩子另一端再捆綁上一定重量的磚塊或
啞鈴。練習時，兩腿屈膝下蹲成馬步椿，兩臂前平舉伸直，
兩手手心向下抓握木棒兩端（圖428）。隨即兩手向前連續
擰轉木棒，將繩子逐漸全部纏繞在木棒上（圖429）。然後
兩手連續向後擰轉，將繩子逐漸放開。反覆進行。

　　用途：用以提高手的抓握力、腕關節的擰轉能力、臂力
，以及腿部的力量。

　　3.**抓壇子**：置一個大小適宜的壇子，內裝沙土（重量逐
漸增加）。練習時，兩腿屈膝下蹲成馬步椿，然後右手臂伸
直，用右手指將壇子抓起並平舉擺動（圖430）。兩手交替
進行。

　　用途：用以提高臂力和五指的抓力，以及腿部的力量。

　　4.**俯臥撑**：兩手伸直撐地，兩腳前腳掌著地，身體成一
直線，然後兩臂屈肘向下，身體整體下降貼近地面；隨即兩

臂伸肘兩手用力撐地，身體上升還原（圖431）。反覆進行。

　　用途：主要用以提高胸大肌和肱三頭肌的力量。

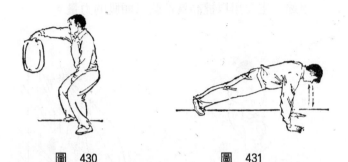

圖　430　　　　　　　圖　431

　　5.**雙槓屈伸**：兩手抓握雙槓，然後兩手臂以肘關節為軸做屈伸動作（圖432）。反覆進行。

　　用途：用以提高胸大肌和肱三頭肌的力量。

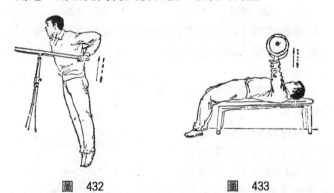

圖　432　　　　　　　圖　433

　　6.**臥推槓鈴**：身體仰臥在長凳上，兩手直臂抓握槓鈴，然後屈臂下引槓鈴至胸部略停頓，再發力向上推舉至直臂（圖433）。反覆進行。

　　用途：主要用以提高胸大肌和背部肌肉的力量。

7.**彎舉槓鈴**：兩腳開立與肩同寬，雙手抓握槓鈴於體前，然後快速屈肘將槓鈴舉至胸前（圖434），隨即下放還原。反覆進行。

用途：主要用以提高臂部肱二頭肌的力量。

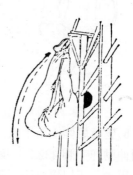

圖　434　　　　　　　　圖　435

8.**懸垂舉腿**：兩手直臂抓握肋木，身體直線懸垂，然後向上收腹、舉腿，使兩腿靠貼肋木（圖435），隨即放腿還原。反覆進行。

用途：主要用以提高腹部肌肉力量。

9.**皮條練習**：將一根長度適宜的皮條固定在樹樁或其它牢固的物體上，然後將手或腳套入皮條頂端，分別做快速的向前衝拳（圖436）、踢腿（圖437）、模擬摔法（如背摔，圖438）等動作。四肢交替練習。

圖　436

圖　437　　　　　　　圖　438

用途：用以提高拳、腳、摔法的力量和速度。

10.負重踢腿：在兩小腿前後綁上扁形鐵沙包，然後分別做各種腿法動作練習（圖439）。

用途：主要用以提高腿部肌肉和腹部肌肉快速收縮的力量。

圖　439

11.背人蹲起：兩肩背負同伴，兩手扶木柱或牆壁，然後屈膝深蹲，再蹬伸立起（圖440）。反覆練習。

用途：主要用以提高腿部肌肉的力量。

　　12.跳繩：兩手握繩子的兩端，先做前搖雙腳跳（圖441），連續進行。然後再做左、右腳交替的單腳跳繩動作，連續進行。

　　用途：用以提高靈敏性、協調性、彈跳力，還是耐力練習的一種有效手段。此外還可以提高散手步法的靈活性。

　　13.各種跑步練習：可進行慢跑、變速跑、快跑；短、中、長距離跑等練習。

　　用途：用以提高力量、速度、靈敏、耐力等素質。

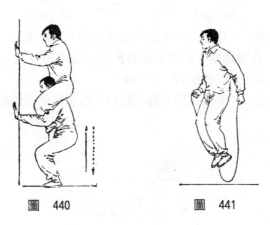

圖　440　　　　　　圖　441

第六章 散手運動常見損傷的處置

散手運動常見的損傷有軟組織損傷、關節脫臼、骨折、腦震盪、休克等等。現將有關處置方法向你介紹如下。

一、皮膚擦傷

小面積的皮膚擦傷，可用紅汞水或紫藥水塗抹局部，不需要包紮。關節面及附近的擦傷，可在創面上塗消炎軟膏，最好用繃帶或紗布包紮，不要暴露治療，否則容易乾裂而影響關節活動。

大面積的擦傷，則要用生理鹽水清洗傷口，再用凡士林油紗布覆蓋傷口，最後用紗布繃帶包紮。

二、鼻子出血

可用食指、拇指在鼻翼外面相對壓迫，用口呼吸，一般數分鐘後可以止血。有條件時，可用消毒脫脂棉卷成小團塞進出血鼻孔內，再在鼻翼外稍加壓迫，則止血效果更佳。額部用冷毛巾或冰袋進行冷敷，也可以起止血作用。

三、韌帶和肌肉撕裂、斷裂

要及時冷敷患處，並用一號新傷藥或萬花油塗敷，再將

適當厚度的棉花或海綿置於患處，然後用繃帶進行加壓包紮、固定。傷情嚴重的要及時送往醫院處置。

四、關節脫臼

在散手運動中，常見的有肩關節脫臼和肘關節脫臼兩種。通常需要及時採用復位手法進行治療，但其方法僅適合有一定經驗的人使用。一般情況下，最好還是送往醫院治療，以免耽誤治療時機，造成遺患。

五、骨　折

若是閉合性骨折，可緩緩用力順勢牽拉，適當矯正畸形，並及時用夾板固定。若是開放性骨折，則必須先止血，消毒傷口，並用消毒巾包紮，然後作臨時固定。不要將突出創口外的骨端回納，以免感染。

上述損傷做臨時處理後，都應迅速送往醫院治療。若是脊椎骨折（包括脫位），則千萬不可隨便搬動，應疾速通知醫院派員到現場急救，否則會加重脊髓損傷或造成死亡。

六、睪丸挫傷

應立即進行冷敷，用三角巾吊起，並抬高下肢，隨後及時用萬花油外擦，並加壓包紮，以減少皮下出血和腫脹。

嚴重者，如外部出血，或睪丸進入腹腔，則應及時送往醫院檢查治療。

七、腹腔神經叢重創

可能出現暫時性休克狀態，表現為意識清楚，但有語言障礙。經過適當休息後，若很快恢復正常則無大礙，可繼續進行練習。若仍有不適的感覺，則應到醫院診治。

八、腦震盪

會出現短暫的意識障礙，應立即讓傷者平臥、安靜，頭部冷敷，身上保暖，對昏迷者掐人中穴，對呼吸障礙者要及時進行人工呼吸。

若傷者左右瞳孔大小不一，眼球青紫或耳、鼻、口出血，深度昏迷，則為嚴重的損傷。應邊進行適當的處置，邊迅速送往醫院治療。

九、頸動脈重創

會出現休克狀態，呼吸受阻，重者會窒息死亡。應立即讓傷者處於正確體位，將頭部和軀幹抬高10度，下肢抬高20度，以增加回心血量，改善腦部血流和缺氧狀況。給傷者蓋上棉被等保暖衣物，以免受涼使傷情惡化。同時，要迅速清除傷者口腔內的嘔吐物、血塊，將舌頭牽出，以保持呼吸道的暢通。對危重傷者應立即送往醫院急救。

第七章　其它搏擊術簡介

　　散手運動是中華民族優秀的文化遺產，是在中國特定的社會歷史條件下逐漸演變發展形成的。同樣，在人類歷史的發展過程中，世界上許多國家和民族，在其各自的社會歷史條件下，也孕育和產生了風格各異的優秀的搏擊技術。

　　當今世界「搏擊俱樂部」的成員，有中國的散手、短兵、截拳道（香港地區）；日本的空手道、踢拳道、合氣道、體道、劍道；韓國的跆拳道；東南亞的泰拳、本扎；西歐的拳擊；法國的忍拳、踢腿術等等。他們之中，有的注重全面攻防，有的獨好拳打，有的鍾情腿擊，有的青睞摔拿，也有的持械拼殺。但萬象歸一，他們都是以搏擊格鬥為目的的優秀戰鬥藝術。

　　這裡，特採擷幾項較為流行的搏擊技術，供你了解、欣賞。

一、震撼全球的「功夫」——截拳道

　　本世紀 70 年代初，一股中國功夫片的狂潮席捲了世界，由東方著名的武術家李小龍主演的電影≪唐山大兄≫、≪精武門≫、≪猛龍過江≫、≪龍爭虎鬥≫、≪死亡遊戲≫等功夫巨片，以其風格新穎、技術功法超群而震動了世界影壇。李小龍在影片中向世人所展示的超凡的「功夫」，以及在現實生活中擊敗泰拳拳王察爾猜，國際空手道冠軍羅禮士、

　　羅伯爾等人的輝煌戰績，更震撼了世界武壇。許多國家因此興起了「中國功夫熱」。許多外文字典和詞典都出現了這樣一個常用新詞：Kung-Fu（功夫）。在世人的心目中，「功夫」就是中國武術，李小龍就是「功夫」的化身。

　　李小龍在武術功夫等方面的傑出表現，使得他先後於1972 年和 1973 年兩度被國際權威的武術雜誌《黑帶》評為世界七大武術家之一。

　　美國報刊把他譽為「功夫之王」，日本稱他為「武之聖者」，香港報紙稱他為當代中國武術及電影史的奇才。李小龍逝世（1973 年 7 月 20 日）後，美、英、日以及港台等國家和地區，同時出版的紀念李小龍的各種雜誌、特刊，都稱他為「發揮中國武術最有成效的人」。

　　的確，還很少有一位東方武術家能像李小龍那樣，突破國家、地區、種族的界限，並在死後依然聲威不減。

　　李小龍的「功夫」，是一種無門無派的實用自由搏擊技術。這種搏擊技術，是李小龍在 60 年代以中國武術為基礎

，吸收西洋拳、空手道、跆拳道、泰拳等技術的優點和特長，總結多年的實戰經驗而自創的。有感於這種奇特功夫的拳理和內涵，李小龍將其命名為——截拳道。

截拳道是不拘泥於任何形式化的自由博擊技術。李小龍之所以將它稱之為「截拳道」，寓意只不過是強調當機立斷、制敵機先而已，按他本人的話講：「截拳道沒有什麼固定的招式，它只是一個道理：敵不動，我不動；敵欲動，我先動。只求目的，不論架式，只求身體四肢對力的發揮與運用，不拘泥於死板的拳法。」他認為，在特定的條件下，張口咬敵，也不失為截拳道的「正宗」招法。

探究李小龍的博擊活動和有關著述，截拳道具有少拳法、多腿法，注重基本功和身體素質訓練，強調體能開發，講求實際功效的特點。

截拳道除了用拳、指以外，腿法占了 80％（看過李小龍影片的人都會留意到，他的腿法是十分厲害的）。

截拳道的制敵招式大多簡捷、明快，其內容也較為簡練、精悍。手法有刺拳、直拳、勾拳、旋轉勾拳、鏈拳、沉拳、翻背拳、前手戳指等。腿法有斧刃腳、側鏈、前踢、前蹬、橫踹、鈎踢、掃踢、旋身踢、轉身後踹、後擺踢等。此外，還有頭撞、肘擊、膝撞、擒鎖等各種技法。

截拳道的防守技法有躲閃、搖晃、消截、阻擋、拍擊、捆手和封纏等等。

截拳道體能訓練的目的則非常有針對性：慢速跑、衝刺跑、跑步中的腿法練習，以及腹肌練習，主要是用來練就快速靈活、呼呼生風的腿法；打木人樁，則是用來鍛鍊拳力和改善招式；打沙包，用來練習拳腳的正確落點以及力量的滲透功效；打速度球，用來鍛鍊眼力和靈活的閃避；打拳、腳

靶,用來改善拳法和磨練技巧;插木椿,用來增加手指的戳插功力和插眼的速度;擊紙,用來改進發拳時的扭腰動作,正確運用身體,發揮最大威力;與穿戴護甲頭盔的對手進行條件實戰,一方面是用來訓練埋身打擊,使攻擊銳利化,另一方面則是練習快速閃避的技巧。

截拳道的攻擊目標,主要集中在眼睛、咽喉、腹部神經叢、肋部、襠部、膝關節和小腿等部位。截拳道制敵時,幾乎所有的攻擊動作都是間接的,不是緊隨虛招之後,就是在敵手的進攻失效或勢盡時予以反擊。而且一旦得機得勢,其犀利的拳腳就會像狂風暴雨般地「洗劫」對手的弱點、空檔和要害部位,使對手毫無喘息之機。

截拳道的戰術方法具有很強的實效性,而且變幻莫測,彈性大,應變敏捷。其常用的戰術方法有先攻擊(搶攻)、假動作(佯攻巧取)、誘敵(引蛇出洞)、貼身近戰(巧攻強取)等四大系列。

截拳道的戰術運用,往往基於準確的判斷力和發現破綻的能力,以及預見性和勇氣。在制敵過程中,對敵手的習慣、弱點和力量狀況,以及攻守類型和主要攻防方法的研究分析,在最初的交手中便開始進行。有時還採用假動作進攻的方式,誘使敵手暴露其速度、反應和技巧。

最終,採用極有針對性的技術和戰術方法,控制局勢並置敵手於絕境。

截拳道制敵得心應手的要訣,就是「嚴謹、力量、速度、耐力、協調、平衡、時機、自信」等八個方面的良好素養和超人發揮。

「功夫」=截拳道=李小龍。李小龍震撼了全球。

二、一拳必殺的「唐手」──空手道

　　作為搏擊格鬥技術，大千世界形形色色的武功，都無一例外地將如何打敗敵手當做首當其衝的課題。著名的日本武道──空手道，打敗敵手的手段除依賴於技、戰術外，尤其倡導「一拳必殺」，追求拳腳的摧毀性的打擊威力，並借此手段一招敗敵。因此，空手道在技法上十分強調氣、拳、體的高度一致，即強調周身之力在擊打目標剎那間同時爆發。

　　另一方面，空手道也非常注重拳擊厚木板、腳踢大冰塊、肘砸磚瓦等功力訓練，以增強破壞力。造詣高深的空手道選手，可一腳踢斷80公分厚的冰塊；對直拳擊打的測試結果也表明，其速度可達 43 英尺／秒（約合 13公尺／秒），產生摧毀力可達1500磅（約合 680 千克）。

　　可想而知，人的血肉之軀若遭到這種拳腳的打擊，「必殺」是無疑的。

　　空手道技術的殺傷力很強，是防身自衛的有效手段。但是，在現代文明社會，學習空手道的目的，最根本的是進行意志品質、精神面貌、生理健康的修練。空手道十分強調以艱苦的修練所忍受的苦來奠定完美的人格。防身自衛只是其

副產品。

　　空手道的基本進攻技術主要分手技和足技，手技有拳擊、指擊、掌底擊、拳打、掌劈、臂打等。足技有腳尖踢、腳掌踢、腳踵踢、腳外側踢和膝撞等。另外還有頭擊、肩擊等技術，以及搶背擊頭、臥地剪腿、二段踢、騰空回身踹等捨身技。針對上述各種攻擊方法，空手道還有各種不同的受技（即防守方法），如弧形防、旋形防、合掌防、掌劈防、交叉防、閃躲防等。

　　空手道的攻擊目標，大都以身體要害為主。攻擊以奪取敵手性命，傷害敵手關節或骨骼，使敵人暫時意識不清，降低戰鬥能力為目的。擊打目標時，還要運氣吆喝，以氣助勢助力。空手道的防守則講求防攻一體，即在防守的同時，也為進攻創造機會，或防、攻動作同步進行。

　　空手道搏擊格鬥技術的練習，主要是通過「型」與「組手」的形式進行的。所謂「型」，就是個人單練動作的連貫演習。其中有攻擊、防守的各種技法，通過手、腿和身體的運動，結合呼吸和發勁使力，組成了風格剛烈的套路。通過型的練習，使練習者掌握技擊的技能，達到健壯身體的效果。這和中國武術的拳術套路在本質上是一致的。型的種類比較多，各個流派都有自己規定的型。從簡單到複雜，從低級到高級，有各色各樣的套路。

　　所謂「組手」，就是兩人進行攻防格鬥的形式。組手是空手道的實踐形式，由初級假設訓練到高級無限定的攻防組手，大致上分為一本組手、二本組手、三本組手、自由組手、競賽組手等類別。通過一系列的組手訓練，使練習者有效地達到精通徒手格鬥的目的。

　　空手道的競賽形式，由於組織與流派的不同而有所區別

。「全日本空手道聯盟」和「日本空手協會」採用的是傳統的競技方式。其競賽分型的表演和組手的對抗兩種形式。型的表演競賽是選手在場上演練一套型，然後由場下若干名評判員評分。評判通常由空手道界有威望的師長擔任。組手競賽採用「寸前即止」的規則，即在攻擊對手時，不能擊觸對手的身體，只能在其身體前一寸空間內停止運動。比賽在 8×8 公尺的平坦地上進行，時間一般為 2 分鐘。任何一方選手在 2 分鐘內用手擊、腳踢對手的面、頸、胸、腹、背等部位（寸前即止），經裁判判定為正確而有效，則得 1 分，為勝利。如未擊或未踢至規定部位，則根據技術高低、精神和態度好壞等來評定勝負。這種格鬥競賽在預防傷害事故方面意義重大。

　　「空手道極真會聯盟」對上述兩組的「寸前即止」的競賽方式頗有異議。他們認為，不管擊打效果如何，誰只要先將拳、腳停在離對手身體一寸處即得點，這樣不僅無法發揮防守反擊的技術，也降低了實戰性，其碎磚斷瓦的「一拳必殺」威力效果也無法在活動著的人體上檢驗。而且，觀眾對這種沒有碰撞就定輸贏的判定方式看得稀里糊塗。

　　鑒於此，「空手道極真會聯盟」採用了直接擊打制競賽（不穿任何護具）。比賽除禁擊襠部和禁用手擊頭部外，其它部位可以直接攻擊。且不分體重級別。該聯盟所組織的比賽異常激烈，擊昏、斷骨時有發生。其比賽影響很大，人們認為「極真會」比賽的冠軍才是過硬的冠軍。

　　此外，「大道塾」流派也推出了其「黑斗旗」比賽形式，從而使賽制又有了新花樣。相對於傳統的「寸止」制比賽，它是直接擊打制；相對「極真會」的不穿護具、不能用手擊頭，它是戴頭盔，允許手擊頭，允許快摔。雙方體重相差

較大時，還允許穿護襠擊襠。「黑斗旗」空手道比賽，還打破流派界限，凡承認其競賽規則的團體均可參加比賽。這為多種流派的交流創造了條件。

　　據考，空手道是由 500 年前琉球島上古老的格鬥術和中國傳入日本的拳法組合而成的。日本最早稱空手道為「唐手」。本世紀初，日本武林人士出於民族之自尊而將「唐手」改成「空手」。近年來，空手道運動在世界範圍內得到了廣泛的推廣和普及。「世界空手道聯盟」發表的統計數字表明，其會員協會已超過了100個國家或地區，成員高達 3500 多萬人。「國際空手道聯盟極真會」也聲稱「極真會」空手道在近 70 個國家或地區中擁有 650 餘個支部，有 1000 多萬名會員。

三、仁慈的「氣功柔術」──合氣道

　　大凡會武功的人，在遭到歹徒置人於死地的人身侵犯時，難免要以牙還牙，出手傷敵，決不心慈手軟。如果歹徒侵犯的是一個會「合氣道」武功的人，那麼歹徒算是撞了「大運」，儘管也會被制服，但決無傷命之虞。因為他遇上的是個掌握了充滿「仁愛之心」的武功——合氣道的人。

　　合氣道，是著名的日本武道之一。它以不爭不鬥為宗旨，提倡「愛人愛己」的仁慈之中。學習合氣道的目的，首先是個體身心的修練，其次才是掌握自衛防身的技能。其武功技術，也僅僅限制在遭他人侵犯的時候用以自衛。自衛反擊時，也只以阻止和制服對手為目的，而儘量不傷害對手。將「愛人之心」融入武技，再用武技使對手領教侵人之心是有害的，感化其棄惡從善。

　　合氣道有四個主要特點：

　　一是重視「氣」。「氣」的內涵豐富，既表示客觀存在的自然之氣，又表示抽象之氣，如殺氣、靈氣、生氣、霸氣等等，還表示維持生命活動的抽象力。合氣道認為氣是維持生命活動的根源性力，極為重視「氣」的修煉。

　　二是講究氣、心、體的統一。「合氣」意即「合天地萬物之氣」，因此合氣道認為：一切搏擊技術都應合乎自然，不做強硬的爭鬥，凡事講求因勢利導，從中獲得自我的存在。同時借助絕妙的活用作為生命原動力的「氣」，使人體活性化，從而達到隨心所欲地運動，即心身如一的境界。

　　三是合氣道的搏擊技法是由順應自然規律的動作構成的，符合人體的運動規律，全面、均衡、和諧。

　　四是以禮為重。立足於日本傳統文化的合氣道，以非常注重精神性而有別於其它武道。禮儀貫穿合氣道練習的始終，在鍛鍊身心的同時也磨練了人生。

　　儘管合氣道以不置人於死地爲本，但其技術都是以遭到人身侵犯爲前提而設計的。因而具有很強的實用性。其技法講究立體攻防，既可以立式出擊，又可以坐式出奇制勝，而且不憑拙力，能夠巧妙地利用對手的力量，借力發力。造詣深者，則能隨心所欲。當遭到暴徒突然襲擊時，快速敏捷地避開攻擊的條件反射動作自然就會發生作用。

　　合氣道以「氣」爲動力，內練威力很大的「合氣氣功」如「靜合氣功」、「托天合力功」等等；外練至柔至巧的搏擊及防身技術。它的基本技術主要由投技和固技組成，它的高級技術則有投固技、戰刀、七首、杖棒等複雜的技術。遭到襲擊時，其自衛反擊的順序一般是這樣的：一邊用直線螺旋式閃躲進身法進入對手的防守弱區，一邊用雙手柔化對手的進攻力點；隨即用弧線的運動形式，借對手的攻擊之力順勢將其手臂或武器轉化至死角，令其不能動彈，然後以手臂動作結合全身發出的合氣氣功，將對手投摔出去；最後，用固技將對手徹底制服。

　　與中國的散手技術想比，合氣道沒有腿法和騰空跳躍攻擊動作，但絲毫沒有減弱其實戰的威力。

　　合氣道是日本武道家植芝盛平（1883—1969）深入研究了日本傳統武道，在古柔術的基礎上，兼收並蓄了劍道、空手道、杖術等日本武道的特長而始創的現代武道。由於它在鍛鍊身心的同時也磨練了人性，故又被人們稱之爲「運動的禪」。

　　據不完全統計，目前在日本，合氣道的「支部」有300 多個，擁有 80 多萬會員；在國際上，歐洲、美洲、大洋洲以及東南亞各國，也有 20 多萬人參加合氣道的訓練。

四、關節武器化的武功——跆拳道

　　你如果有機會觀賞跆拳道武功的表演，那麼一定會被其無堅不摧的功夫所折服：質地堅硬的紅磚被一掌劈成兩半，一大摞的瓦片被一拳擊碎，敦實的木板被一腳踢斷。更有甚者，置於齊頭高的四塊磚被騰身凌空一腳踹斷，置高 2 公尺的物體被雙腿同時分擊踢飛，如此等等，這一切都是在毫無防護用具的情況下，光憑皮肉拳頭和光腳丫子完成的！真的是：拳似鐵錘，指如尖刃，掌像大刀，腳賽鋼鞭。全身上下，手、腳、肘、膝重要關節完全武器化了。

　　跆拳道，是來自朝鮮半島的著名武功。重要關節武器化、摧枯拉朽和一招敗敵自然是功力訓練的結果，但究其實質，則是跆拳道修煉所獲得的堅韌、忍耐、自立、氣度、統率力等精神意志品質與技術技巧在攻防格鬥中的集中體現。

　　在跆拳道中，練習者首先要戰勝的不是對手，而是自己

。無論是大膽者還是怯弱者，勤奮者還是懶散者，都要克服在練習中給自身肉體帶來的疼痛、疲勞，甚至傷病的折磨，因而使自己逐漸具備堅毅的性格，堅毅的性格又能使人產生巨大的忍耐力，忍耐力可產生謙讓的德行和自我犧牲的精神，使人進入高尚的思想境界。跆拳道的運動激烈，對抗性強，進行跆拳道鍛鍊，既能通過對全身的運動改善和提高身體各個器官的機能，又能增強人的精力，刺激大腦，促使其強力開發和精神振奮。跆拳道，能造就一個體格健壯、充滿朝氣、富有創造精神和服務於社會的優秀人材。

從廣義上講跆拳道被認為是一種利用拳和腳的藝術方法。其技術內容豐富多采，除各種拳法、手法和腿法以外，還有兵器、擒拿、摔鎖、對拆自衛術及 10 餘種基本功夫。跆拳道還有 24 套類似中國武術套路的「品勢」。

從實質上看，跆拳道是一種以腿法為主的技擊術。在其技術體系中，腿法所占的比例高達 70％。腿法動作可以說是五花八門，應有盡有，如地上（站立動作）的前、側、後、倒、掃、抓、回轉踢，旋、半旋、反旋、後旋踢等等；天上（騰空動作）的正踢、後踢、側踹，二段踢、二段同時踢，以及單、雙腳前踢，單、雙腿飛前踢，跳、飛後旋踢，跳掃踢，雙足跳、飛前踢等等。這些腿法中，還沒包括膝關節的動作方法。

在跆拳道的比賽中，手法往往只用於防守格擋，進攻主要運用腿法的踢踹。手臂格擋防守時，防守區域比較集中，動作幅度很小，動作完成後，手臂立刻回到最利於反擊的位置上。腿法進攻時，注重送髖和上體後倒，以求出腿的力量和打擊範圍。其凌空跳、飛的腿法，很具殺傷力。

在戰術上，跆拳道極少採用閃躲防守的方法，而多以格

擋防守為主，憑借其武器化的肢體，以剛制剛，直接接觸，作風硬朗。進攻時，多採用直線的連續進攻，以快速連貫的腿法組合打擊對手，不讓對手有任何喘息機會。

跆拳道的比賽是在 8×8 公尺的場地上進行的。參加比賽的選手按體重分 10 個級別（女選手 8 個級別）進行較量。比賽分 3 個回合，每個回合 3 分鐘。比賽時，選手穿戴護具，一人對一人，按一定的規則，相互伺機打擊對手的身體（惟陰部禁止），以擊倒對手 10 秒鐘不起為絕對勝利。否則，則按有效得分的高低來決定勝負。

跆拳道的前身是「花郎道」，是起源於 1500 年前的朝鮮半島的民間武技。隨著時間的推移，花郎道的劈掌結合了中國功夫和日本空手道的技術，融成了現今的獨樹一幟的武功──跆拳道。近二十年來，跆拳道以其深刻的哲學內涵、豐富優美的技術動作、以及有效的健身防身作用在世界範圍得到推廣與普及。1988 年和 1992 年曾兩度榮登奧運聖堂。目前，世界上約有 110 個國家和地區，逾 2000 萬愛好者參加跆拳道的練習。

五、犀利的「三板斧」──拳擊

提起「三板斧」，凡讀過我國著名的歷史小說≪隋唐演義≫，或聽說過相關故事的人大都知道，這是唐王李世民麾下的猛將程咬金的「絕活」和「專利」。程咬金就憑借著手中的大斧，以其犀利迅疾的「三板斧」：砍「肉錘」（軀幹）──剔「排骨」──砍腦殼，闖蕩疆場，殺敵立功的。

現代著名的搏擊運動──拳擊，其戰勝對手的基本技法也有犀利的「三板斧」：直拳、勾拳、擺拳。與當今世界上

流行的各種搏擊術相比，它既沒有腿法，也沒有摔拿，而獨好拳法。

拳擊運動雖然只有三種基本拳法，但其動作精悍、幹練，實用性極強。由這三種拳法組合而成的連續技法，在激烈的近身肉搏戰中，更具攻擊性和殺傷力。

拳擊的三種拳法中，直拳是主力拳。其運行軌跡成直線，途徑短、拳重、威力大。其擊法是：當手臂前伸而未完全伸直時，拳頭像旋鑿一樣旋轉，在手臂伸直的最後瞬間，運用身體重心和出拳的速度力量以及肩部突然短促挺伸，將力量傾注在拳頭上擊向目標。

直拳輕擊時則成為「刺拳」，主要用來擾亂對手的思路，破壞對手的防禦體系。

勾拳，是一種距離較短，逼近擊打的拳法，攻擊威力很

大。勾拳的手臂彎曲形狀如鈎，臂和拳從側方移動擊出，當接觸打擊目標時，肘和腕向內彎曲。勾拳中的上勾拳是由下向上擊打對手的腹部或下頦處，側勾拳則是從側面擊打對手的腮面下頦處。

擺拳，是一種從橫側面擊打對手耳以下腮部和下頦處的拳法，其手臂彎曲約大於90°，拳的軌跡為橫短半弧形。

拳擊的防守與反擊一般有兩種形式。一種是阻擋防守與反擊，即用拳（比賽時用拳套）和手臂阻擋對手來拳，或撥開、壓位對手的來拳，趁勢加以反擊。另一種是閃躲防守與反擊，即運用上體旋轉、移步後讓或向左右兩側潛入轉移，使對手的拳擊落空，並乘機加以反擊。

拳擊的練習，主要是採用對影空擊、打沙袋、打手靶、擊梨球，以及實戰練習等方法和手段，來磨練和提高技術、戰術水平，以及打擊威力。

拳擊比賽是在專門設置的拳擊台上進行的。參加比賽的運動員按體重從 48 千克到 91 千克以上，分為 12 個級別進行較量。比賽時，運動員雙手要戴皮製的拳套，一人對一人，按一定的規則和拳法，相互伺機打擊對方的腰帶以上的上體正面、前側面和頭部髮際以下的面部及面部的兩側部位，以擊倒對手為絕對勝利。被擊倒的一方，在裁判員呼數至 10 而未能站起時，即為失敗。如雙方均未被擊倒，則按有效的擊打次數（點數）的多寡來決定勝負。

拳擊運動是從古希臘和古羅馬時期的互相殘殺角鬥發展而來的。現代拳擊運動於 18 世紀初源於英國，當時比賽不戴拳套，亦無規則和時間限制，直至一方喪失比賽的能力為止。到了 1743 年，才初步制定了拳擊規則。 1747 年又發明了原始的拳套，戴拳套成為比賽必須遵守的規則。爾後的

一個多世紀中，拳擊規則不斷修改，至 1891 年始為世界所公認。拳擊運動在 1904 年舉行的第三屆奧運會上被列為正式比賽項目， 1924 成立了國際業餘拳擊聯合會。

當今世界上同時存在著兩種拳擊運動，即職業拳擊和業餘拳擊（奧運會和亞運會的拳擊比賽都屬於業餘拳擊）。這兩種拳擊在比賽規則和方法上有很大差別。業餘拳擊比賽，運動員身著背心、短褲、戴頭盔，雙方戴大而厚的拳擊手套（每只手套重 228 克）。職業拳擊比賽，運動員則不戴頭盔，上身赤裸，手套小而薄（每只手套為 143 克或 171 克）。在比賽時間上，業餘拳擊比賽每場 3 回合，每回合 3 分鐘，兩個回合間休息 1 分鐘，職業拳擊比賽則為 12 回合，業餘拳擊一般有安全保障，當運動員有粗野或違反規則的動作時，則給予警告或取消比賽資格。而職業拳擊比賽則完全是為了高額酬金，因此經常出現不顧對方安危的野蠻動作，這種比賽不時出現死亡事故。

業餘拳擊運動有益於身體機能的發展。堅持不懈地參加拳擊訓練，不僅可以使骨骼堅實、肌肉發達，使呼吸系統、心血管系統和神經系統的機能得到改善，而且對培養機智、果斷和勇敢頑強等意志品質也是一種有效的手段。

六、令人咋舌的「八條腿」──泰拳

據國際上有關組織統計，自第二次世界大戰結束至今，世界範圍內死亡於拳擊運動的有 300 人左右（其中絕大部分是死在職業拳擊比賽中）。如此高的死亡率，難怪有人驚呼「NO BOXING（禁止拳擊運動）！」然而，拳擊運動與殘忍異常的泰國式拳擊──泰拳相比，其死亡率也就算不

得什麼了。

　　自古以來，泰拳就以其凶悍、殘忍而著稱於世，因此，即使是經過改良的現代泰拳比賽，由於幾乎沒有擊打部位和擊打方式的限制，以及它那近乎戰場上生死肉搏的拼殺，每年仍要奪走兩人以上的生命。究其原因，就是因為泰拳有著經過特殊功力磨練的、打擊威力令人咋舌的「八條腿」，即鋼鐵般堅硬的兩拳、兩肘、兩腳和兩膝。

　　舉凡當今世界的各種搏擊術，經過改良大都已成為以強身壯體、磨練意志、陶冶情操為主要目的的體育運動。然而，泰拳雖然也引進了一定的現代體育的措施和手段，如戴拳套和引用有關的比賽規則等，但其根本的宗旨還是殺敗敵手，獲取高額拳酬，出人頭地。

　　因此，凡投身泰拳訓練，以泰拳為謀生手段的人們，其訓練的投入也不惜「血本」：在初學技術時就進行對抗搏擊練習，在招法不熟，被動挨打中，學會戰鬥判斷、反應、招架和閃躲等等技能，同時，進行艱苦的體能訓練和肢體抗擊

的功力磨練。長此以往，一個頗有成效的泰拳手，不僅技術嫻熟、反應敏捷，而且身體各個進攻部位強硬似鐵，尤其是四肢的拳、腳、肘、膝等部位更是堅硬無比。

泰拳拳法主要有引拳、直拳、勾拳、擺拳、撐拳、摑拳、回手拳、轉身擺拳等等。由於泰拳主要用腳攻擊，所以拳法多作為試探或防護的手段。試探時，一般先出虛拳，試探對手的反應，並使其產生錯誤判斷，然後迅速起腳攻擊。防護時，多以雙拳防守格擋對手的拳打或腳踢，同時迅速出拳或起腳反擊。防護方式一般有上格、下格、分格、托腳、鎖腿等。

泰拳肘法主要有撞肘、沉肘、衝肘、橫肘等等。

撞肘，多在引誘對手進攻後，突然或左或右側閃，避過對手的攻擊，迅速反肘向對手空檔撞擊。

沉肘，多在拳擊落空時，突然下沉肘部，下砸對手後腦、頸部或肩部。

衝肘，即由下向上挑擊對手下頦。

橫肘，即左右橫擊對手的太陽穴、下頦或胸肋等部。

肘法除在近距離給對手重創外，在比賽中遇有一種特別價值，即在瞬間擊破對手的頭面，令其頭破血流，視線昏花，喪失繼續格鬥能力，將對手「技術擊倒」而取勝。

泰拳的腿法刁鑽凶險，殺機四伏，其內容也非常豐富。其主要腿法有擺踢、蹬踢、反踢、掃腿、飛踢、後蹬、連環踢、雙層踢、直戳踢、逆踢等等。其中，擺踢應用最多，其用法是以腳面橫擊對手的要害，包括太陽穴、臉頰、頸、胸、肋等部。蹬腿主要用於試探、進攻和阻擊。掃腿的進攻目標一般是對手的小腿和踝關節。反踢則是利用後轉身，以腳跟或前腳掌撩踢對手的頭部或胸腹等等。

　　泰拳的腿法變化多端，常忽高忽低、時左時右打人於冷不防。此外，泰拳手的腿大都堅硬有力，其進攻大有無堅不摧之勢，因此，即便對手硬性用手格擋，也往往會造成對手震痛或損傷。

　　泰拳膝擊法有數種，形式上可分為單膝撞和雙膝撞兩種。從招法上分主要有衝膝、彎膝、扎膝、穿膝和飛膝等。其中衝膝法應用最多，包括一般提膝向上直撞、向前衝撞或做斜線衝擊。泰拳在近距離糾纏或抱摔時，常常用衝膝襲擊對手的肋部、腹部或腿肌，極力破壞對手的戰鬥力。

　　泰拳膝法有一個凶狠無比的絕招叫「箍頸膝撞」，它曾令許多西歐自由搏擊高手望而生畏。其動作方法是，用雙方扣住對手的頸部回拉，而膝向上衝頂，直撞面門。若被其擊中必五官見血，甚至門牙盡碎，當場昏死。

　　泰拳的功力訓練主要有踢、打檸檬和重沙袋，踢、打香蕉杆和椰子樹，用木棍擊打身體等等。泰拳手的功力訓練異常刻苦，為了早日練就銅身鐵骨般的超人功力，他們常常置身體損傷於不顧。

　　泰拳的比賽場地與拳擊的場地基本相同。賽前，拳手們先默默無聲進行禱告，然後在一支由兩面鼓、一支笛、一對小銅鈸組成的樂隊伴奏下，舉行一種類似舞蹈的儀式。比賽中，樂隊不斷變換節奏，以加強緊張熾熱的氣氛。兩名拳手則手戴手套，光著腳和上身在拳台上運用各種技法攻擊對手。你來我往，場面驚險，充滿生死搏殺的刺激。每場比賽共分 5 個回合，每個回合 3 分鐘。比賽的勝者，往往能贏得高額拳酬。

　　目前泰拳在泰國極為普及，全國經註冊的拳館就有 6105 家之多。據統計，泰國的職業拳師已達 65650 人，此外還

有數萬名渴望進入職業拳師隊伍的練習者。吶喊助威的拳迷，則更是數以十萬計。在首都曼谷，幾乎天天都有泰拳比賽。

　　泰拳在越南、老撾、柬埔寨、緬甸和日本、法國等國家也有熱心的愛好者。

七、刀劍鐧鉤的「代言人」──短兵

　　博大精深的中華武學，不但深蘊徒手搏擊格鬥的奇招妙術，更融匯了刀、槍、劍、戟、斧、鉞、鉤、叉等「十八般兵刃」的精湛技藝。在冷兵器時代，刀、槍、劍、戟等是用於戰爭的重要武器。槍炮問世後，這些兵器的作用範圍急劇縮小，強身壯體、磨練身心成了最主要的作用。

近代武林的有識之士為了保留繼承和發展兵器的搏殺技法。同時也為了解決真刀真槍比武較技極易造成傷害事故的弊端，推舉出了兵器的改良搏擊形式：長兵運動和短兵運動。其中，短兵運動成了刀、劍、拐、斧、鞭、鐧、錘、鉤等短兵器的「代言人」。

短兵運動同真刀真劍的實戰搏殺相比，它具有安全可靠、利於各種搏殺技法發揮的特點。短兵實戰格鬥或比賽用的器械，是用藤條或竹片裹以棉絮和海綿，外包一層皮革製成的，擊打目標時，即便是重擊，一般也不會給人體造成損傷。由於有安全方面的保障，在短兵實戰練習中，人們可以放開手腳，施用各種技法進行搏殺體驗，掌握持械的搏擊動作和要領。

短兵的技術體系，主要由 8 種進攻技法構成。一是刺，即以兵械尖頂為力點，向前直線攻擊目標；二是劈，以兵械的前半端為力點，由上向下揮動攻擊目標；三是砍，以兵械的前半端為力點，由右向左平擺攻擊目標；四是斬，以兵械的前半端為力點，由左向右平擺攻擊目標，五是崩，以兵械虎口側尖端為力點，由下向上抖彈攻擊目標；六是撩，以兵械小指側前半端為力點，由下向前上揮動攻擊目標；七是挑，以兵械虎口側中、前部為力點，由下向前上揮動攻擊目標；八是點，以兵械尖端下側為力點，由上向前下抖彈攻擊目標。上述 8 種進攻技法，還可組合出無數種攻勢凌厲、變幻莫測的連續進擊動作。

針對進攻技法，短兵有防上、防左、防右、防左下、防右下，以及提腿防下等多種防守方法，它們構成了嚴密的防禦體系，使身體每一個部位都處於有效的防護之中：防上是阻截對手的劈頭動作；防左上和右上是阻截對手由正面刺胸

、由側面平斬頭（胸）部的動作；防左下和右下是阻截對手由正面刺、點腿和由側面砍腿的動作。

短兵的反擊技法，由防守技法和進攻技法有機組合構成。即在有效的防守後，立刻變鋒轉向或就勢順勢，利用腕、肘、肩關節的快速協同運轉，以及上步、退步、左右閃步和前後跳步等步法的密切配合，運用各種進攻技法和組合還擊對手。

短兵對手臂和腕部的力量及靈活性要求非常高。短兵是單手持握器械的搏擊運動，手臂和腕部的力量與靈活性，左右著器械的擊打速度、力度和命中率。短兵對腕部的要求最甚，不管是進攻和防守技法的運用，還是擊打或格架的瞬間用力，以及戰術目的的實現，都有賴於腕部力量和靈活性的高效發揮。

短兵非常注重對手臂和腕部的各種素質的練習。

短兵的比賽不分體重級別，也不穿戴任何護具。比賽在直徑 8 公尺的圓形場地內進行。每場比賽分 3 局，每局 2 分鐘，局間休息 1 分鐘。比賽以擊中對手身體（後腦及襠部除外）、擊落對手器械或擊倒對手為得分，得分多者勝。若雙方得分相等，則判在比賽中較為積極主動的一方為優勝。

短兵技術十分簡明精煉，因而易學、易練。如常手堅持研習，可培養機智靈活、自信果敢、勇猛頑強的良好品質，達到強身壯體、調節情趣的目的。除此之外，短兵還有重要的防身作用。在日常抗身抗暴中，人們可以隨手抄握棍狀器物進行自衛。

近年來，短兵技術還被有關部門移植到警棍術中。

短兵作為多種短兵器的改良運動，在近代歷史上曾是武術擂台賽的三大對抗項目之一（另兩項為散手和長兵）。

1928 年和 1933 年，短兵被列為舊中國中央國術館舉行的「國術國考」的正式比賽項目；在 1933 年舉行的第 2 屆「全國運動大會」上，短兵還被列為表演項目。中華人民共和國成立以後，短兵曾一度是體育學院的一門課程。 1979 年，國家還以北京體育學院和武漢體育學院為試點，組織有關專家進行培訓、開展和推廣這個項目。

八、殺人卻「活人」的兵刃——劍道

　　日本戰刀及其凌厲凶殘的刀法，在歷史上曾遐邇聞名。日本戰刀和刀法本源於中國隋唐時期的的劍術，經歷代日本武士的潛心研習和修行，逐漸形成了劍身加闊、變彎，兩側劍鋒改為一邊利刃的日本式戰刀和精煉犀利的刀法。同中國的兵刃一樣，日本戰刀在冷兵器時代是日本武士比武、決鬥、戰爭的重要武器，刀也作為武士的靈魂被神聖化。槍炮問世以後，刀的作用相應失色，但刀所包含的特殊精神內涵，被作為日本傳統文化的精髓而保留下來，並逐漸演變成一種以磨練個人高尚品格為目標的體育運動——劍道。

刀，作為殺人的武器被改良成了磨練身心、陶冶情操的「活人」的特殊方法和手段。

剑道最突出的特點就是精神修煉。在歷史上，人們虔誠地遵循孔子和佛教之道，努力修煉「愛國家，愛正義，重勇氣，重禮儀，重責任，重信義，不忘慈愛之心，扶助幼弱」的精神品質。在現代，人們以劍（即刀，日本的刀和劍是同一個概念）的理法，修煉自己的「無念、無想、無我」的佛禪心境和「忘生、忘死」的無畏精神，培養自己的勇敢果斷、剛毅堅定、不屈不撓，以及尊長扶幼、崇高禮儀的良好品行，達到人格和劍法內外兼修的終極目的。

剑道技術在理法上講求「劍心合一」、「無心」和「氣、劍、體」的完美協調。達到了理法上的高級境界，就能使劍和心交融於一體，使劍法隨心所欲，神出鬼沒，並能在「間不容髮」之際，劍從心發，在一瞬間有效地擊中對手的要害部位。

剑道的刀法多以雙方握持刀柄。其主要技術是劈刀、突刺兩種動作方法，並通過搶先、引誘、撥刀、「擔技」（即將刀扛在肩上進行掄舞的技術）等技術途徑，劈擊或突刺對手。相對於進攻技法，劍道還有挑刀、格擋、敲擊和閃躲等防守反攻技術。

在對敵實戰格鬥中，劍道的攻擊主要以劈擊為主，間以刀尖對敵喉嚨或心窩突刺。由於用雙手持握刀柄進行格鬥，因而力量極大，速度飛快。在劈擊、突刺對手瞬間，還威聲吆喝，振力助勢，使得攻擊動作的聲、勢、力具備，極有震懾力和殺傷力。劍道還講求個人動作絕招「得意技」的磨練，技術高超的劍道好手，能在 0.1 秒的時間內飛速解決戰鬥。

現代劍道的用刀分木刀和竹刀兩種。一般木刀用於練習基本動作，有長短兩種，長刀長度為 101.5 公分，短刀長度為 31.5 公分，重 200 克至450克。竹刀用於練習對打和比賽，為四條竹子合成，刀長 115 公分至 119 公分，重375 克至 500 克。

劍道選手須著規定的上衣和褲裙（以易吸汗水的棉織品為佳），上衣袖長蓋到肘部，胸前附有繩索以利穿著。褲裙長蓋到足踝。男子一般是全套藍色，女子則穿白色上衣、黑色褲裙。為防備對手的擊打，劍道選手還須佩帶腰垂、護胸、頭盔和手套等護具。腰垂是三塊皮製條狀物，纏於腰、髖部及腹股溝。護胸呈半圓狀，是用皮革把竹片連製而成。頭盔為了保護頭部，主要部分為鋼條面罩，兩旁和中央有皮製下擺，保護喉部。手套也是皮革製成，以減低被對手擊中時的疼痛。

劍道比賽是在 9—11 公尺見方的場地上進行的。三名裁判員在場內執法，一名主裁判在場外執法。比賽方式為限時制（通常為 3 分鐘，先得兩分者為勝或在限定時間內得分多者為勝）。得分方法是比賽者用竹刀擊中對手的有效部位，包括面部（正、左、右）、手部（左、右）、腹部（左、右）及喉部。在劍道比賽中，賽手對裁判員的裁決不得提出異議。

當前，在日本有 700 萬人參加劍道的長年練習。日本的大學、中學、警察、軍隊系統，都把劍道列為必修的課程。劍道運動目前已傳至台灣、香港、韓國及歐美各地。1985年，三年一度的劍道世界大賽在法國巴黎舉行。

大展出版社有限公司
品冠文化出版社

圖書目錄

地址：台北市北投區(石牌)　電話：(02)28236031
　　　致遠一路二段12巷1號　　　　28236033
郵撥：0166955～1　　　　　傳真：(02)28272069

・法律專欄連載・ 電腦編號 58

台大法學院　　　法律學系／策劃
　　　　　　　　法律服務社／編著

1.	別讓您的權利睡著了 ①	200元
2.	別讓您的權利睡著了 ②	200元

・武術特輯・ 電腦編號 10

1.	陳式太極拳入門	馮志強編著	180元
2.	武式太極拳	郝少如編著	150元
3.	練功十八法入門	蕭京凌編著	120元
4.	教門長拳	蕭京凌編著	150元
5.	跆拳道	蕭京凌編譯	180元
6.	正傳合氣道	程曉鈴譯	200元
7.	圖解雙節棍	陳銘遠著	150元
8.	格鬥空手道	鄭旭旭編著	200元
9.	實用跆拳道	陳國榮編著	200元
10.	武術初學指南	李文英、解守德編著	250元
11.	泰國拳	陳國榮著	180元
12.	中國式摔跤	黃 斌編著	180元
13.	太極劍入門	李德印編著	180元
14.	太極拳運動	運動司編	250元
15.	太極拳譜	清・王宗岳等著	280元
16.	散手初學	冷 峰編著	180元
17.	南拳	朱瑞琪編著	180元
18.	吳式太極劍	王培生著	200元
19.	太極拳健身和技擊	王培生著	250元
20.	秘傳武當八卦掌	狄兆龍著	250元
21.	太極拳論譚	沈 壽著	250元
22.	陳式太極拳技擊法	馬 虹著	250元
23.	三十四式 太極 拳劍	闞桂香著	180元
24.	楊式秘傳 129 式太極長拳	張楚全著	280元
25.	楊式太極拳架詳解	林炳堯著	280元

26. 華佗五禽劍	劉時榮著	180元
27. 太極拳基礎講座：基本功與簡化24式	李德印著	250元
28. 武式太極拳精華	薛乃印著	200元
29. 陳式太極拳拳理闡微	馬 虹著	350元
30. 陳式太極拳體用全書	馬 虹著	400元

·原地太極拳系列· 電腦編號 11

1. 原地綜合太極拳24式	胡啟賢創編	220元
2. 原地活步太極拳42式	胡啟賢創編	200元
3. 原地簡化太極拳24式	胡啟賢創編	200元
4. 原地太極拳12式	胡啟賢創編	200元

·道 學 文 化· 電腦編號 12

1. 道在養生：道教長壽術	郝 勤等著	250元
2. 龍虎丹道：道教內丹術	郝 勤等著	300元
3. 天上人間：道教神仙譜系	黃德海著	250元
4. 步罡踏斗：道教祭禮儀典	張澤洪著	250元
5. 道醫窺秘：道教醫學康復術	王慶餘等著	250元
6. 勸善成仙：道教生命倫理	李 剛著	250元
7. 洞天福地：道教宮觀勝境	沙銘壽著	250元
8. 青詞碧簫：道教文學藝術	楊光文等著	250元
9. ：道教格言精粹	朱耕發等著	250元

·秘傳占卜系列· 電腦編號 14

1. 手相術	淺野八郎著	180元
2. 人相術	淺野八郎著	180元
3. 西洋占星術	淺野八郎著	180元
4. 中國神奇占卜	淺野八郎著	150元
5. 夢判斷	淺野八郎著	150元
6. 前世、來世占卜	淺野八郎著	150元
7. 法國式血型學	淺野八郎著	150元
8. 靈感、符咒學	淺野八郎著	150元
9. 紙牌占卜學	淺野八郎著	150元
10. ESP超能力占卜	淺野八郎著	150元
11. 猶太數的秘術	淺野八郎著	150元
12. 新心理測驗	淺野八郎著	160元
13. 塔羅牌預言秘法	淺野八郎著	200元

·趣味心理講座· 電腦編號 15

·婦 幼 天 地· 電腦編號 16

・青 春 天 地 ・電腦編號 17

·健康天地· 電腦編號18

·實用女性學講座· 電腦編號 19

5.	女性婚前必修	小野十傳著	200元
6.	徹底瞭解女人	田口二州著	180元
7.	拆穿女性謊言88招	島田一男著	200元
8.	解讀女人心	島田一男著	200元
9.	俘獲女性絕招	志賀貢著	200元
10.	愛情的壓力解套	中村理英子著	200元
11.	妳是人見人愛的女孩	廖松濤編著	200元

・校園系列・ 電腦編號20

1.	讀書集中術	多湖輝著	180元
2.	應考的訣竅	多湖輝著	150元
3.	輕鬆讀書贏得聯考	多湖輝著	150元
4.	讀書記憶秘訣	多湖輝著	180元
5.	視力恢復！超速讀術	江錦雲譯	180元
6.	讀書36計	黃柏松編著	180元
7.	驚人的速讀術	鐘文訓編著	170元
8.	學生課業輔導良方	多湖輝著	180元
9.	超速讀超記憶法	廖松濤編著	180元
10.	速算解題技巧	宋釗宜編著	200元
11.	看圖學英文	陳炳崑編著	200元
12.	讓孩子最喜歡數學	沈永嘉譯	180元
13.	催眠記憶術	林碧清譯	180元
14.	催眠速讀術	林碧清譯	180元
15.	數學式思考學習法	劉淑錦譯	200元
16.	考試憑要領	劉孝暉著	180元
17.	事半功倍讀書法	王毅希著	200元
18.	超金榜題名術	陳蒼杰譯	200元
19.	靈活記憶術	林耀慶編著	180元

・實用心理學講座・ 電腦編號21

1.	拆穿欺騙伎倆	多湖輝著	140元
2.	創造好構想	多湖輝著	140元
3.	面對面心理術	多湖輝著	160元
4.	偽裝心理術	多湖輝著	140元
5.	透視人性弱點	多湖輝著	140元
6.	自我表現術	多湖輝著	180元
7.	不可思議的人性心理	多湖輝著	180元
8.	催眠術入門	多湖輝著	150元
9.	責罵部屬的藝術	多湖輝著	150元
10.	精神力	多湖輝著	150元
11.	厚黑說服術	多湖輝著	150元

國家圖書館出版品預行編目資料

散手初學／冷鋒編著／—初版
　—臺北市；大展；民85
　　面；　　公分—（武術特輯；16）
　　ISBN 957-557-596-2（平裝）

　　1.拳　術

528.97　　　　　　　　　　　　　　85003330

行政院新聞局局版臺陸字第 100262 號核准
北京人民體育出版社授權中文繁體字版

散手初學

ISBN 957-557-596-2

編 著 者／冷　　　鋒
負 責 人／蔡　森　明
出 版 者／大展出版社有限公司
社　　　址／台北市北投區（石牌）致遠一路 2 段 12 巷 1 號
電　　　話／（02）28236031・28236033・28233123
傳　　　真／（02）28272069
郵政劃撥／01669551
E - mail／dah-jaan@ms9.tisnet.net.tw
登 記 證／局版臺業字第 2171 號
承 印 者／國順圖書印刷公司
裝　　　訂／嶸興裝訂有限公司
排 版 者／千兵企業有限公司
初版 1 刷／1996 年（民 85 年） 5 月
初版 2 刷／2000 年（民 89 年）11 月

定價／200 元

大展好書 好書大展

大展好書 ✕ 好書大展